自衛隊“3.20”出動記録 ［撮影：第32普通科連隊広報班］

サリン事件当 … ドで出陣式のため整
列した除染隊 … 先頭に立っているの
は「霞ケ関隊 …

地下鉄サリン … り（東京本社版）。救
急隊が到着 … した地下鉄日比谷線
・神谷町駅の … の手記を掲載）

日比谷線
築地駅

市ヶ谷駐屯地正門から車列を組んで出陣する除染隊の輸送トラック。写真は32連隊の3½トン・トラック。後方に除染隊車両の先導に当たる警視庁のパトカーが見える

パトカーの先導で都心部の道路を進む除染隊の車列。自衛隊のドライバーは、混雑する市街地での緊急走行の訓練を積んでおらず、除染隊の現場進出は遅れがちであった

地下鉄日比谷線築地駅に到着、出入口（築地本願寺前）の前で警察、消防等と現地調整を実施中の「築地隊」隊員（写真中央は化学学校の中村3佐、後ろ姿は小隊長・今村3尉）

トラックから携帯除染器2型（写真中央下部）を搬出し除染準備を実施中の「築地隊」第32普通科連隊隊員

トラックの荷台で苛性ソーダ水溶液を調製中の第32普通科連隊隊員。苛性ソーダ自体も毒性があるため防護マスク、手袋を着用して作業している

築地駅出入口前の路上で除染準備中の第32普通科連隊員。携帯除染器の手動ポンプにより加圧しているところ。戦闘用防護衣と防護マスクを着けた状態ではつらい作業である

築地駅1番ホーム上を除染する第101化学防護隊隊員。中央の赤黒い液体は、被害者が吐血した跡

築地駅ホーム上においてM8検知紙でサリンの残留を確認する第101化学防護隊隊員〔上〕と、検知紙の色の変化の状況〔下〕。検知紙が赤っぽい黄土色に変化しているのは、除染に使用した苛性ソーダ水溶液によるもの。サリンの場合は、もっと明るい黄土色を示す

地下鉄日比谷線築地駅1番ホームに停車した地下鉄車内を除染中の第101化学防護隊隊員。化学防護衣4形を着用、携帯除染器を背負い、両手に持ったノズル部を交差させながら、まんべんなく除染剤を撒布している

築地駅出入口前で除染任務にあたった隊員を除染する第101化学防護隊隊員。画面左端に見える白と紺の防護衣を着用しているのは警視庁の警察官

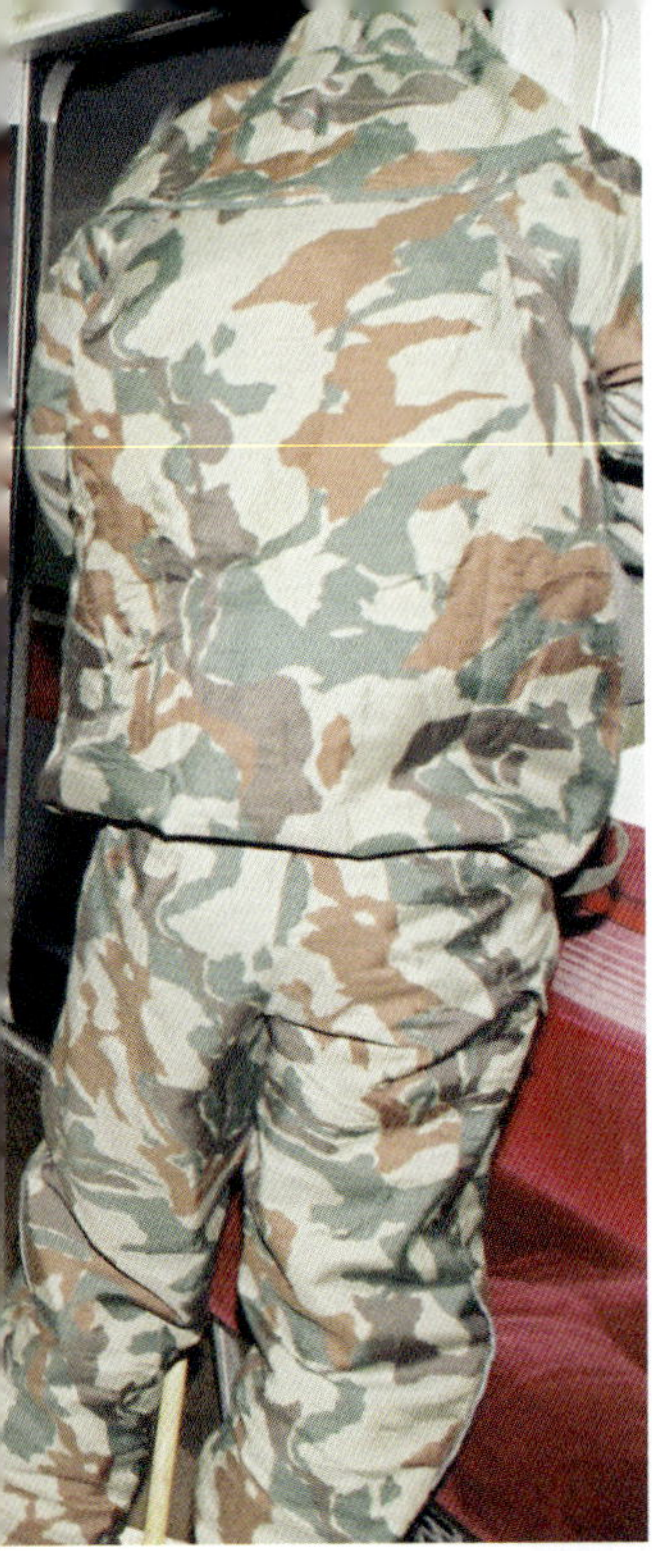

地下鉄丸ノ内線後楽園駅の地上引込線に停車中の汚染車両の除染を行なう第101化学防護隊隊員。化学防護衣4形、防護マスク4形を装着している

丸ノ内線後楽園駅引込線の汚染車両の除染後、消火ホースで撒いた水で水洗を実施する第32普通科連隊隊員。戦闘用防護衣と防護マスク4形を身に着けている

後楽園駅引込線の地下鉄車内で、線路脇の消火栓から散水し、ブラシでこすって除染後の水洗を実施中の第32普通科連隊隊員

後楽園駅引込線の線路脇で除染剤の調製、除染器の加圧など除染準備を行なっている第101化学防護隊隊員

各駅での除染任務を終えて深夜、つぎつぎに市ヶ谷駐屯地に帰還してくる除染隊を、隊員たちは連隊隊舎前で拍手で迎えた。写真は、帰還した第101化学防護隊の除染車3形

帰還後、市ヶ谷駐屯地グラウンドにおいて靴底まで除染を行なう第32普通科連隊隊員

産経NF文庫
ノンフィクション

「地下鉄サリン事件」自衛隊戦記

出動部隊指揮官の戦闘記録

福山 隆

潮書房光人新社

まえがき

「地下鉄サリン事件」から一〇年目を迎える二〇〇五年三月末、私は陸上自衛隊西部方面総監部幕僚長の職を最後に退官の日を迎えた。

それを機に、私はかつて市ヶ谷駐屯地の第32普通科連隊長当時の地下鉄サリン除染作戦を指揮した体験を書き残そうと思うに至った。事件後書きためていたメモを整理し、約一ヵ月を費やして「出動連隊長としての地下鉄サリン事件覚え書」というタイトルで、A4判二〇ページほどの簡単な手記を書き上げた。これが、本書をまとめる基となったものである。

一九九五年は、日本に、そして自衛隊に二度の激震が走った年であった。まず、年明け早々の一月一七日、阪神地方を大地震が襲った。この「阪神・淡路大震災」では、自衛隊の災害派遣について、初動の遅れが批判を集めた。私の第32普通科連隊からは、炊事チームを交代で派遣したに止まったが、このとき私は、災害への迅速な対応の仕方について深く心に期すところがあった。

そのわずか二ヵ月後の三月二〇日、今度は東京で「地下鉄サリン事件」が起きた。そして当時、山手線内唯一の実動部隊だった第32普通科連隊が化学科部隊とともに、その対処の矢面に立つことになったのである。

通勤ラッシュ時の複数の地下鉄車両に猛毒の神経剤「サリン」が撒かれるという前代未聞の状況下（当時こんな表現は使わなかったと思うが、まさに「同時多発テロ」だった）、「毒物を探知し、これを除去せよ」との命令を受け、待ったなしの「作戦」を行なうことになった。

当初は事件現場の情報はテレビ報道だけが頼り、もちろん同様の「戦例」もなく、化学防護装備すら満足に行き渡らないという状況で、指揮官である私も、幕僚も、そしてサリンで汚染された地下鉄構内に派遣された除染隊員たちも、それぞれに苦悩しつつも、工夫し、手探りでこの未曾有の事態に対処しようとした。

本書では、最初に書いた「覚え書」をベースに、あの時何が起きていたのか、私自身の回想はもとより、事件直後に部下などから聴取した話（メモとして手元に残しておいた）をもう一度紐解いて、私の知りうる限り詳細に、正直に記したつもりである。

死者一二名、重軽傷者約五五〇〇名を数えた「地下鉄サリン事件」は、世界的に見ても前例のない都市部での化学兵器テロであった。アメリカにおける同時多発テロ（二〇〇一年九月一一日）によって世界規模で始められたテロとの戦いも、終結に向かう目途はまだ見えない。そして、地下鉄サリン事件のような化学兵器による無差別テロの脅威は、今日も継続して存在している。

主として軍事サイドから「地下鉄サリン事件」対処の顚末を記した本書は、化学兵器による無差別テロに関する数少ない「戦史書」と見ることもできよう。本書が対テロ作戦のみならず、治安・防衛出動に関する研究の一助にもなればと念じている。

なお、本書に出てくる自衛官の階級や職務、部隊名などは事件当時のものである。本書は、私が現職連隊長時代に見聞したものを書きとどめたものであり、その内容についての責任はすべて私に帰すべきものである。

著　者

都心部地下鉄路線図（1995年3月当時）

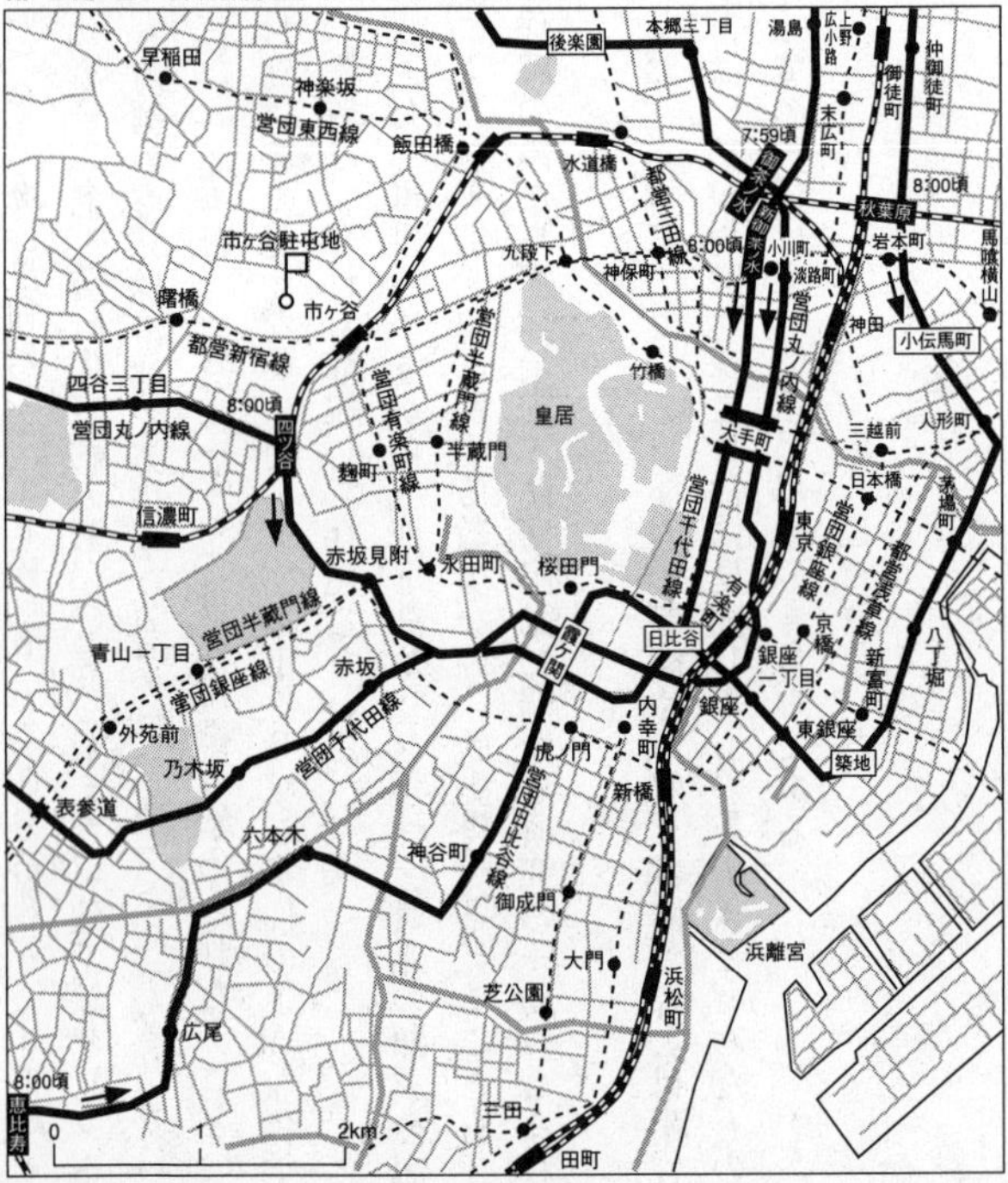

駅名：陸上自衛隊の除染隊が派遣された地下鉄の駅

駅名：実行犯が地下鉄車内でサリンパックを傘で突き刺して散布した駅と時刻

←：サリンを散布された車両の進行方向（各列車と死者数は以下のとおり）

- 日比谷線：北千住発—中目黒行（8名死亡）
- 日比谷線：中目黒発—東武動物公園行（1名死亡）
- 千代田線：我孫子発・代々木上原行（2名死亡）
- 丸ノ内線：池袋発・荻窪行（1名死亡）
- 丸ノ内線：荻窪発・池袋行

「地下鉄サリン事件」自衛隊戦記——目次

第九章 **事件から得た戦訓**

図版作成／佐藤輝宣

自衛隊の階級等（1995年当時）

区分		陸上自衛官	海上自衛官	航空自衛官	略称
幹部	将官	統合幕僚会議議長たる陸将	統合幕僚会議議長たる海将	統合幕僚会議議長たる空将	統幕議長
		陸上幕僚長たる陸将	海上幕僚長たる海将	航空幕僚長たる空将	陸幕長・海幕長・空幕長
		陸将	海将	空将	将
		陸将補	海将補	空将補	将補
	佐官	1等陸佐	1等海佐	1等空佐	1佐
		2等陸佐	2等海佐	2等空佐	2佐
		3等陸佐	3等海佐	3等空佐	3佐
	尉官	1等陸尉	1等海尉	1等空尉	1尉
		2等陸尉	2等海尉	2等空尉	2尉
		3等陸尉	3等海尉	3等空尉	3尉
准尉		准陸尉	准海尉	准空尉	准尉
曹		陸曹長	海曹長	空曹長	曹長
		1等陸曹	1等海曹	1等空曹	1曹
		2等陸曹	2等海曹	2等空曹	2曹
		3等陸曹	3等海曹	3等空曹	3曹
士		陸士長	海士長	空士長	士長
		1等陸士	1等海士	1等空士	1士
		2等陸士	2等海士	2等空士	2士
		3等陸士	3等海士	3等空士	3士

「地下鉄サリン事件」自衛隊戦記
——出動部隊指揮官の戦闘記録

地下鉄日比谷線築地駅の無人のホームに入る陸上自衛隊除染隊

第一章　第32普通科連隊

普通科連隊とはどのような部隊か

一九九三年六月、私は韓国での三年間にわたる防衛駐在官の任務を終えて帰国した。順当ならば次の「人事」は普通科連隊長であった。

「普通科連隊」とは、旧帝国陸軍の歩兵連隊にあたるもので、師団の中心的な戦闘部隊である。国土防衛作戦においては、「戦闘の中核部隊」となり、特科連隊及び戦車大隊など師団隷下部隊の支援を受けて、最前線で敵と直接対峙して近接戦闘を行なう役割を担っている。連隊は、四個の普通科中隊（定員約二一〇名）、重迫撃砲中隊（一〇七ミリ重迫撃砲一二門）及び本部管理中隊（情報小隊、衛生小隊、施設作業小隊、通信

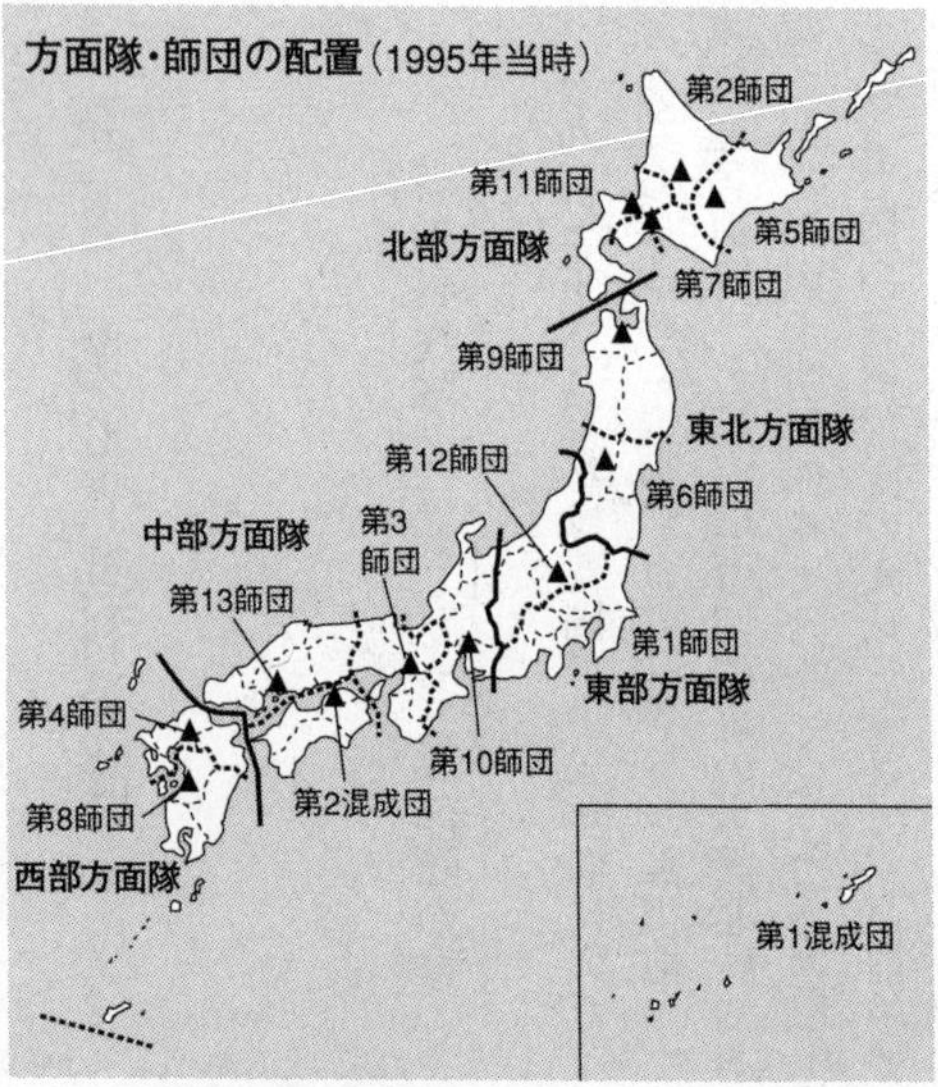

陸上自衛隊の方面隊・師団・連隊

当時、陸上自衛隊は5個の方面隊（北部、東北、東部、中部、西部）からなり、各方面隊は2～4個の師団から編成され、トータルで13個の師団を保有していた。師団は定員約9000名の「甲」師団と約7000名の「乙」師団があり、その隷下には3～4個の普通科連隊（「甲」師団は4個、「乙」師団は3個）、特科連隊（各種大砲・ミサイルを装備）、戦車大隊、高射特科大隊（高射砲・防空ミサイル部隊）、後方支援連隊（師団隷下部隊の各種装備等の整備および補給）、輸送隊（大型車両などによる輸送）、衛生隊（衛生・治療などを実施）、施設大隊（土木工事、地雷原の処理などを実施）、通信大隊（有線・無線通信を実施）、偵察隊（敵状・地形の偵察を実施）、飛行隊（攻撃・輸送ヘリコプターなどの運用）、化学防護隊（化学・生物・核兵器防護を実施）および音楽隊（音楽演奏）があった。（現在は、改変されている）

普通科連隊の編成（1995年当時）

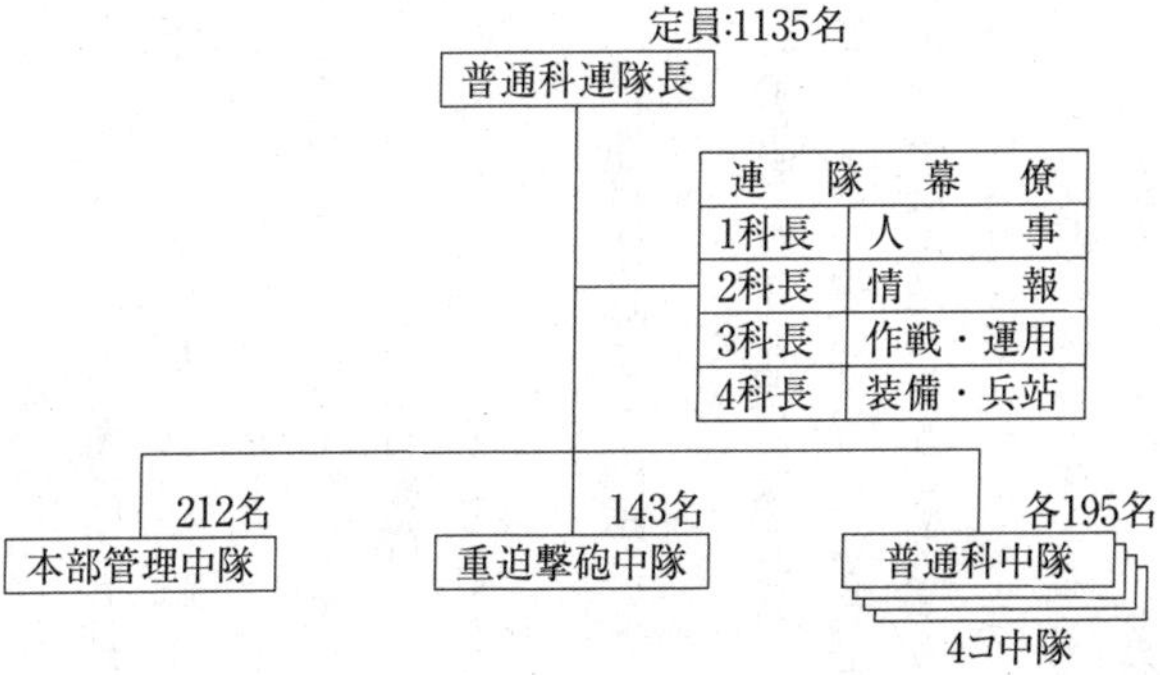

小隊などから成る）より編成され、定員約一一〇〇名であった（現在は若干改編・削除されている）。また、連隊長の指揮を補佐する幕僚（参謀・スタッフ）組織として1科（人事）、2科（情報）、3科（作戦・運用）および4科（武器装備・兵站）があった。

サリン事件発生当時の陸上自衛隊は、約五〇個の普通科連隊があり、北海道から沖縄まで全国に配置されていた。

旧帝国陸軍においては、連隊旗は天皇が直接歩兵連隊長に親授した。したがって、この旗は極めて神聖なもので天皇の分身であると認識され、たいへん丁重に扱われたという。

陸上自衛隊の普通科連隊の連隊旗は、防衛大臣（私の時代は防衛庁長官）から連隊長に授与される。しかし、旧軍の連隊旗とちがって旗自体には「神聖性」はない。旧陸軍とちがい、破損すれば新しい旗ととりかえてもらえる。それでも、陸上自衛隊の普通科連隊は、歴代連隊長を核心として、それぞれの郷土・環境と歴史に育まれた伝統を持っている。この伝統こそが、各連隊の「アイデンティティ」ともいうべきものであろう。そして、この伝統とそれに対する所属隊員の誇りこそが、連隊長以下有事に身を挺する原動力になるものと思う。

そんなわけで、陸上自衛隊の普通科幹部にとって、連隊長に就任することは、「男子の本懐」ともいうべきことである。

普通科連隊長の内示

私の予想どおり帰国後ほどなく、私は陸上幕僚監部（陸上自衛隊の最高司令部、以下「陸幕」とする）調査部長（軍事情報担当）のY将補から、次の補職（ポスト）として東京の市ヶ谷駐屯地（現在は防衛省がある）にある第32普通科連隊（以下、32連隊）の連隊長に就任させる予定であるとの「内示」を受けた。「内示」とは、公式に人事発令する約一週間前に次に就任する予定のポストを非公式に、こっそりと本人にだけ教える制度である。これにより、子供の転校などについてあらかじめ転勤準備の余裕を得ることができる。

陸幕は、二人の子供を日本に残して、夫婦で約三年間韓国に赴任していた私に対し、都内の連隊長に就け、久しぶりに家族水入らずで暮らせるように配慮してくれたものと思われた。

この陸幕の配慮にもかかわらず、32連隊長就任の内示を受けた私は、内心満足ではなかった。

不満の理由の一つは「お山の大将」になれないことだった。32連隊が駐屯する市ヶ谷には当時、陸上自衛隊の東部方面総監部（「総監部」とは、司令部のこと）の他、陸・海・空幹部学校などがあった。これらの部隊の長は、いずれも陸・海・空将等で、階級上で言えば私のポジションである連隊長（1佐）は見る影もないくらいだった。

同じ連隊長でも、連隊長が最高階級で「お山の大将」になれる駐屯地はいくらでもあった。北海道だけ見ても、連隊長が駐屯地司令を兼ねて「お山の大将」になれる所は、名寄（3連隊）、留萌（26連隊）、遠軽（25連隊）、滝川（10連隊）、釧路（27連隊）および函館（28連隊）の六ヵ所もあった。やっぱり、連隊長になるなら、自分が駐屯地の「お山の大将」になれるところの方が良いに決まっている。

32連隊が駐屯する市ヶ谷駐屯地は、幹部ばかりが多い「頭デッカチ」の状態で、東部方面総監部や陸・海・空幹部学校などには私の階級である1佐以上の幹部が数十名もいた。このようなわけで、市ヶ谷駐屯地には駐屯地としての機能――食事や風呂の提供、駐屯地警備、施設の維持管理など――のための労力（自衛隊用語で「作業員」と呼んだ）を提供するのは32連隊の隊員の他にはほとんどないありさまで、訓練に専念できる他の連隊にくらべれば32連隊は過度の負担に苦労している、という情報を聞いたことがあった。

不満の理由の二つ目は、連隊の訓練環境だった。私は北海道や九州にある演習場や射撃場など訓練環境に恵まれた連隊の長として精強連隊の錬成に没頭することを願っていた。ところが32連隊は、演習場や射撃場からは遠かった。市ヶ谷から富士の演習場や射撃場に行くには、東名高速を使って二時間以上もかかる。私が、幹部候補生学校を卒業して赴任した第16普通科連隊（長崎県・大村駐屯地）では、射場は連隊の施設内にあり、演習場に行く場合も市中を武装行軍しても違和感はなく徒歩で三時間ほどしかからなかった。

三つ目の理由は、私の「都会人への偏見」だった。五島列島という僻地で育った私の「都会コンプレックス」の裏返しの心理だと思うのだが、「都会出身の隊員は自衛官としてはどうかな？」と思っていた。32連隊は当時、山手線の内側に位置する唯一の連隊で、文字通りの「都会連隊」であった。

内示があったころ、防衛大学校（防大）時代の指導教官であったT元将補から電話を頂いた。一般の大学と異なり、防衛大学校はいわば全寮制になっていて、授業を含む日常生活すべてが集団生活である。防大の指導教官は、学生の日常生活について主として指揮官を養成する観点からの指導を行なうほか、夏休みや冬休みの前後などに実施される自衛隊の初歩的な訓練（陸・海・空別）の指導も担当していた。指導教官には主として防大出身の陸・海・空の制服幹部自衛官が充てられていて、学生にとっては、いわば兄貴分のような存在だ。T元将補（防大4期生）は私よりも一〇歳も年上、明治時代の乃木希典陸軍大将のように謹厳実直を絵に描いたような自衛官で、私が最も尊敬する先輩の一人であった。

「韓国勤務ご苦労だったね。ところで、どこの連隊長になるんだ」

「残念ながら、市ヶ谷の32連隊長です。北海道か、九州に行きたかったのですが」

「まずはおめでとう。君は思い違いをしているよ。市ヶ谷の連隊は、日本一の連隊だ。俺も32連隊長だったんだ。本当に素晴らしい連隊だよ」

私は「しまった」と思った。T元将補がかつて32連隊長を務めていたということを忘れていた。覚えていれば答え方も違っていたのに……。

それにしても、T元将補の言う「32連隊は日本一の連隊」との評価は、着任直前の私にとって、にわかには信じ難いことだった。

観閲行進

私は、一九九三年七月一日付で第一七代の32連隊長に着任した。着任行事は連隊隊舎前の狭いグラウンドで行なわれた。グラウンドの大きさは、縦（南北方向）約七〇メートル、横（東西方向）約八〇メートルで、グラウンドの通念から考えれば極めて狭いものであった。以前はもっと広かったそうだが、駐屯地移転工事（防衛庁が六本木から市ヶ谷に移転するための一連の工事）でプレハブなどを建てるために、グラウンドが削られてしまったのだ。グラウンドの北東側の隅にはレンジャー塔（訓練用）が、また、南西方向の道路を跨いだ位置には、戦前に蒋介石が記念植樹したとされる樹齢五〇年以上の銀杏があった。

のちに、この狭いグラウンドで阪神・淡路大震災直後の防災訓練展示（キャピタル・レスキュー95）や、地下鉄サリンの除染に向かう出陣式を実施することになる。

着任式の執行官として、練馬から田中師団長がおいでになり、中隊ごとに整列した連隊全隊員に私を紹介された。こんなに大勢の隊員（約七〇〇人）を指揮するのかと思うと身の引き締まるのを覚えた。

師団長退場後、私は「頭中（カシラー、ナカ！）」の敬礼を受け、短めの着任の訓示をした。引き続き、各中隊は観閲行進に移る。六個の中隊は、隣接する航空自衛隊補給本部前の道路にいったん出て、グウランドの周りの道路上を反時計回りに進んでレンジャー塔の手前で左に曲がって再びグランドに入り、師団音楽隊の奏でる「抜刀隊」の行進曲に合わせて行進しながら、私の前で「頭右（カシラー、ミギ！）」の敬礼をして通り過ぎてゆく。ソウルでの防衛駐在官時代は、部下は韓国人女性秘書一人だけだったが、今や数百人の部下や、対戦車砲、迫撃砲、軍用車両などの各種装備を預かる身分になったわけだ。私は、閲兵しながら連隊長の責任の重さを実感した。

その日から、連隊の現況について嫌というほど説明を受けるとともに、各中隊や施設・装備などの現場を視察し32連隊の現況・特性などについての理解を深めた。

32連隊とはどんな連隊だったのか

人間それぞれに個性があるように、それぞれの連隊にもそれぞれの環境と歴史に育まれた「隊風」がある。地下鉄サリン事件における除染作戦を化学科部隊の支援を得て立派に完遂した32連隊とはどのような「隊風」の連隊だったのか。

着任して日を追うごとに、前述のT元将補の指摘どおり、私の「都会連隊」に対する偏見は全くの誤解であることが解った。隊員たちは実に誠実、素朴で純な男たちの集団だった。東京都の出身者もいたが、全国の田舎から夜間大学通学のために入隊した者も結構多かった。東京都出身であろうと地方出身であろうと、当たり前のことだが人間性に差異はなかった。

自衛隊は、定年まで勤務する幹部、陸曹と二年毎に契約を更新する任期制隊員（階級は陸士で、試験を受けて陸曹に昇任する者の他は通常二任期四年か三任期六年で除隊し、民間の会社等に再就職）で構成されるが、32連隊の任期制隊員の知能偏差値は全国連隊の中で最も高かった。知能指数で示せば、全国の連隊平均よりも約一〇ポイント高いと言われていた。ちなみに、直木賞作家の浅田次郎氏は、若いころ、32連隊4中隊の隊員（昭和四六年入隊）の一人だった。浅田氏は今も32連隊出身のOB会などに参加し、連隊のことを「わが青春時代を過ごした最高の組織」と言われているそうだ。

また、連隊の隊員たち（陸士・陸曹）の中には多数の夜間大学（早稲田大、東京理科大、法政大、東洋大、日大、国士舘大など）と高校（主として市谷商業高校）への通学者がいた。私が連隊長の頃は、これら通学生は三〇～四〇名程度だったが、昭和五〇年頃のピーク時には六〇～七〇名程もいたという。連隊はこれら通学生に様々な便宜を図っていた。富士演習場などで連隊統一の野営訓練を実施した場合には、訓練終了後疲れをとるために一泊野営させるところを、通学隊員だけはただちに一足先に帰隊させ、通学させた。また、各中隊には通学指導担当陸曹を置いて成績や出席などについて管理・指導していた。

32連隊は、日本の政経中枢である東京の中心部に位置していた。旧帝国陸軍においては、帝都には近衛師団を配置し、その隷下の歩兵連隊は「近衛歩兵連隊」と呼ばれた（ちなみに、北の丸公園〈東京都千代田区〉には近衛歩兵第一聯隊跡記念碑がある）。近衛歩兵連隊の兵士には、全国から徴募された中で最優秀な若者が兵士として選抜された。32連隊の隊員たちはこの「近衛歩兵連隊」の地位・役割と伝統を継承していると自負しており、高い使命感と誇りを持っていた。そして、自らの32連隊を自慢げに「近衛連隊」あるいは「山手線の中にある唯一の普通科連隊」などと呼び、同じ第1師団隷下の1連隊（東京都・練馬）、31連隊（埼玉県・朝霞）、34連隊（静岡県・板妻）などに対し優越意識を持っていた。

隊員たちにはもう一つ自慢の種があった。当時、毎年秋に実施されていた中央観閲

1994年10月30日、朝霞駐屯地で行なわれた中央観閲式で、村山富市首相の観閲を受ける第32普通科連隊。部隊の先頭に立つのが連隊長就任2年目の著者

式では、多数の陸海空自衛隊部隊の隊列の中央、即ち観閲官である内閣総理大臣の真正面に位置し、全国の普通科連隊の代表格として参加することであった。

連隊長に着任して、隊員の優秀性を目の当たりにする機会が多々あったが、この中央観閲式のための準備訓練でもその実力が顕著に実証された。即ち、32連隊は、他の連隊や部隊に比べ半分の訓練時間で所望の連度に到達することができたのだった。他の部隊が、午後まで使ってようやく到達する練度に、32連隊は午前中集中的に訓練するだけで立派に達成してみせた。観閲式を担当する東部方面総監による観閲式直前の「練度評価」においても、常に抜きんでた判定をもらうことができた。

このように、32連隊の隊員は高い資質を持ち、訓練の進歩も早く、様々な環境や状況への適応性に富み、いわゆる「小回りの利く集団」だった。私は日ごろ隊員たちに敬意を表して32連隊のことを「人材の連隊」と呼ぶこともあった。

連隊長の私が包括的な方針を示せば、細々と指導しなくてもそれぞれの役割を理解し、相互に調整し、積極的にテキパキと行動・処理するという「隊風」が確立されていた。

このような隊員たちだったからこそ、地下鉄サリン事件という未曾有の事態にも見事に対処できたのだと思っている。

第二章　大震災と防災訓練デモ

阪神・淡路大震災

一九九五年年明け早々の一月一七日（地下鉄サリン事件の約二ヵ月前）、淡路島北部を震源とするマグニチュード7・3の地震が発生した。兵庫県を中心に大きな被害が発生し、神戸の市街地は壊滅状態となった。阪神・淡路大震災である。

私はその日の朝、成人病検診で朝霞駐屯地にいた。バリウムを飲んで、胃のレントゲンを撮るころだったと思うが、神戸市街の数ヵ所で火災が発生している様子がテレビ放映されていた。

「これは、相当な被害だ。大規模な災害派遣が実施されるに違いない」と考え、ただちに連隊に電話して、自衛隊の出動などについてフォローするように命じた。

結果的に連隊が全力で派遣されることはなく、当初三個の炊事チームだけを派遣した（その後、連隊保有の六個チームを三個チームずつ一ヵ月交代で派遣）。炊事チームは、一個チーム一〇名程度で編成され、自衛隊専用の炊事車（トレーラーで牽引）で一度に普通科一個中隊約二〇〇名を賄える量のご飯が炊け、味噌汁、カレーライス、煮物、天ぷらなどの副食を作ることができる。

この時は、自分自身が、程なく地下鉄サリン事件の除染のために災害派遣を命ぜられるなど知る由もなかったが、阪神・淡路大震災の経緯を観察しつつ、自分なりに様々な教訓を学んだ。私が最も印象深く心に刻んだのは、「自衛隊の迅速・タイムリーな出動」の重要性であった。

自衛隊の災害派遣は自衛隊法第83条により規定され、①都道府県知事などによる要請による派遣（第1項）、②防衛大臣又はその指定する者の判断による自主派遣（第2項）③駐屯地近傍における災害に対する駐屯地司令の判断による自主派遣（第3項）がある。すなわち、自衛隊法では、災害時、本来は「自主派遣」ができるようになっていた。

ところが、「五五年体制」の「自衛隊逆風」の中、社会党などの猛烈な反対でこの

「自主派遣」条項は事実上「仮死状態」となっていた。武力集団である自衛隊が、災害などを理由に自主的判断で簡単に出動できれば、クーデターなどに悪用されかねない——という理由があったのだと思う。

このような経緯から、阪神・淡路大震災においては、自衛隊の出動が遅れた。地震で激甚な災害が発生していたにもかかわらず、陸上自衛隊の現地部隊は「自主派遣」規定に基づいた、本格的災害派遣に踏み切れなかった。兵庫県の貝原知事は被害の実態把握が遅れたという理由で、派遣要請がなされたのは地震発生から四時間後、しかも実際に出動を要請したのは、知事自身ではなかった。自衛隊との電話が偶然つながった兵庫県消防交通安全課の野口一行課長補佐の機転で派遣要請が行なわれ、貝原知事は事後承諾という形になったといわれる。当時マスコミは、自衛隊の出動が遅れた原因を知事の責任とはせず、中部方面総監のM陸将を非難した。私が尊敬するM陸将が、テレビのインタビューで、震災の犠牲者に話がおよんだところで落涙された場面が思い出される。

このような経緯を見て、私は、「自分が災害派遣の当事者になった時は、『フライング』覚悟で出動しよう」と、心に誓ったものだった。

余談だが、その後阪神・淡路大震災の教訓に基づき自衛隊法第83条（災害派遣）第

「災害派遣」における自衛隊の自主派遣

防衛庁は阪神・淡路大震災の教訓に基づき、大震災直後に策定した「防災業務計画（現在は「防衛省防災計画」）」において「自主派遣」についての判断基準を次のように明記した。これにより、指定部隊長等の迅速な自主派遣判断が容易となり、「仮死状態」にあった自衛隊法第83条（災害派遣）第2項（自主派遣）が「蘇生」することになった。

自主派遣の基本的判断基準

・都道府県知事等の要請を待ついとまがない。

・災害の発生が突発的で、その救援が特に緊急を要する。

自主派遣の具体的判断基準

・災害に際し、関係機関に対して当該災害に係る情報を提供するため、自衛隊が情報収集を行う必要があると認められること。

・災害に際し、都道府県知事等が自衛隊の災害派遣に係る要請を行うことができないと認められる場合に、直ちに救援の措置をとる必要があると認められること。

・災害に際し、自衛隊が実施すべき救援活動が明確な場合に、当該救援活動が人命救助に関するものであると認められること。

・その他災害に際し、上記に準じ、特に緊急を要し、都道府県知事等からの要請を待ついとまがないと認められること。

2項（自主派遣）が制定当初の本旨通り運用されるよう改めて通達・徹底され、自衛隊は、知事などの要請がなくても出動できるようになった。

後方競技会

全く予期しないことだったが、阪神・淡路大震災は、32連隊に災害派遣訓練――いわばサリン事件対処の予行演習――の機会をもたらしてくれた。

32連隊は、年度末（三月）に恒例として「後方競技会」を行なっていた。自衛隊では、物資の補給、輸送、衛生・救護、通信、炊事など、戦闘を支援する業務を「後方」と呼んでいた（これらの「後方」業務のことを「兵站」または英語で「ロジスティックス」と呼ぶこともある）。連隊では、射撃、銃剣道、徒手格闘、長距離走など戦闘に直結する競技会の他に、「後方」部門の競技会も実施していた。

「後方競技会」は中隊対抗で行なわれ、例年の競技種目と概要は次のとおりである。

車両：大型車の操縦手の運転技術と整備能力について競う。運転技術については操縦の速度と正確性を評価。整備能力については、車両のオイル・冷却水、タイヤ、車体・付属品および計器類などにあらかじめ不備箇所・問題を作為し、使用前の点検を行なわせ、これを評価。

ラッパ吹奏：指定曲（国旗掲揚と行進曲）と自由曲（起床、食事開始、消灯など）を吹奏させ、音量、音色、姿勢・動作などについて評価。師団音楽隊の隊員を審査員に加える。

衛生：患者の応急処置（止血、骨折・捻挫の副木処置等）の後、演習場内の示されたコースで担架に患者（体重を統一）を乗せて搬送する能力を競う。

炊事：各中隊の炊事車で指定メニュー（ご飯、みそ汁、副食など）を調理させ、速度（指定時間以内）、味、盛り付けおよび創意工夫資材などを評価。副食には調理が難しいと言われる天婦羅やトンカツなどの揚げ物を指定。また審査員を32連隊の傍にある江上調理学校（市谷佐内坂）の校長にもお願いした。

通信：有線および無線の部について速度・正確性を評価。有線の部は、演習場内の指定されたコースに有線を張り（道路を横断する部分などは土の中に埋設、その他は樹上や竹竿などの上に架設）、最終的には野外電話機に接続し、通話テストをもって完了。無線の部は、送られてきた暗号文書を解読する作業と文書を暗号化して送信する作業がある。

阪神・淡路大震災の救助・復興がいまだ続いている二月上旬、3科長の岡田功3佐と4科長の内田豪1尉が私のところに「後方競技会」の実施に関して指導受けに来た。

「連隊長、今年は各中隊の炊事チームを阪神・淡路大震災の被災地に投入しているので、後方競技会を中止したいと思うのですが、いかがでしょう」と、岡田3佐はいう。

「競技会を中止することには同意する。その代わり防災訓練を実施して、都民などにデモンストレーションしたらどうか。都民は、阪神・淡路大震災で自らも不安に思っているはずだ。これまで、32連隊と区などの自治体は、自治労などに遠慮し、本来あるべき連隊との共同・協力体制が十分に構築されていなかった。今のチャンスを逃すまい。また、連隊としても、山手線の中に唯一あるかけがえない実働連隊という立場に鑑み、この際、防災の練度を高めようではないか。隊員の災害派遣に対する意識を高める意味でもよいと思う」

「それは面白いですね」

早速、岡田3佐と内田1尉は各中隊長とも相談して実施する方向で動き始めた。

キャピタル・レスキュー95

このように、まるで瓢簞から駒のように飛び出したのが二月二七日――サリン事件の一ヵ月前――に実施した「キャピタル・レスキュー95」と銘打った防災訓練だった。32連隊の隊員は一丸となってその準備に取り組み、前例のない連隊主催の防災訓練デモンストレーションに挑んだ。

隊員たちの苦労は並大抵ではなかった。たとえば、災害写真の展示コーナー作りを担当した広報班の江口2曹や渡邉2曹などは、自らが阪神・淡路大震災の現場を記録した写真（32連隊が炊事チームを現地に派遣した関係で、広報班からも現場に赴き、大量の映像を記録）を利用した他、都内の図書館から借りた関東大震災などの写真・資料を利用して、将来起こる可能性のある第二次関東大震災のイメージを分かりやすく構成してくれた。

写真の現像はすべて手作業だったので、災害写真の展示コーナー作りの作業は、困難を極めた。昼間の作業だけでは間に合いそうになかった。その成功の陰には、市民の協力があった。当時広報班がお付き合いしていた練馬区の写真店の店主が、閉店後も夜中まで現像用の機械を回し、写真の製作を手伝ってくれたという。

私は、防災訓練のコンセプト――いわば大まかな「デッサン」――を部下隊員たちに示しただけだったが、彼らが様々なアイディアを寄せ集め、懸命の準備をして見事な「絵」に仕上げてくれた。防災訓練デモンストレーション当日は、東京都・区などの自治体はもとより、朝日、毎日、読売、NHKをはじめ主要なメディアの記者達がこの様子を伝えた。もちろん、新聞は写真入りだった。

毎日新聞（二七日夕刊）が、「救助や炊き出し、自治体と連携」との見出しで防災訓練の様子を分かりやすく活写しているので紹介する。

陸上自衛隊第32普通科連隊（福山隆・連隊長）が、二七日、東京都新宿区の市ヶ谷駐屯地で、都内の区、市の防災担当者を対象に、救助や炊き出しなど災害活動の実演を行なった。災害派遣での自衛隊の活動実態や能力を知ってもらい、自治体との連携を深める狙いで、初めての試み。

同連隊の災害担当区域は都内南部の一一区一三市。呼びかけに対し、都や千代田、新宿区など一一区一〇市から区議、市議や担当者など約九〇人が出席。このほか、担任区域外の二区も「参考にしたい」と参加した。

会場では、レンジャー隊員が倒壊したビルに閉じ込められた被災者を窓から運びだす救助活動の他、指揮所活動、炊き出し、土のう積み、応急野外トイレ作りなどを実演。また、野外簡易宿泊施設やブルドーザーなどの装備品も展示した。

阪神淡路震災での自衛隊の災害派遣は、兵庫県との調整に手間取って、結果的に本格出動が遅れた。このため、自衛隊と自治体の連携が今後の課題としてクローズアップされている。福山連隊長は「自衛隊は微力だが、自治体、警察、消防が協力すれば大きな力になる。一緒に都民の安全を守る努力をしましょう」と呼びかけた。

視察に来た杉田明傑第1師団長が、

「これまで防災訓練といえば、大規模な方面総監主催の場合でも、これだけの自治体関係者やメディアは来なかったよ。やはり、阪神・淡路大震災直後というタイミングが物を言ったな」

と、褒めてくれた。

この防災訓練「キャピタル・レスキュー95」は、後に起こる地下鉄サリン事件とは異質な内容ではあったが、「有事に備える心構えを再確認する」という点で、有形無形の効果があったのではないかと思う。

私自身も、この防災訓練に都内一一区一〇市の区議、市議や担当者など約九〇人が出席し、大きな関心を示した他、メディアなどの反響を見るにつけ、「災害派遣・非常事態が東京都内でいつ起こっても不思議ではない。自分の責任は重いぞ。ゆめゆめ油断することなかれ！」と、肝に銘じた次第である。

余談だが、私は防災訓練の後、幾つかの区・市長などから食事などに呼ばれた。「連隊長、万一、第二次関東大震災が起これば、ぜひわが区・市を優先して災害派遣をお願いしたい」と、いう趣旨の陳情を頂くのが常であった。

私は、連隊の隊員数に限度があり、各自治体の期待通りには派遣できないことを素直に言うべきかどうか悩んだ。相手に過大な期待を抱かせるべきではないが、32連隊の担当する一一区一三市の人口（一九九五年当時約五五七万人）に比べ、連隊の隊員数（当時の充足隊員数約七〇〇人）が極めて限られていることをあからさまにすれば、阪神・淡路大震災直後という背景の中で、自治体の不安をいたずらに煽ることにもなりかねない。私が、防災訓練時、新聞記者などのインタビューに「自衛隊は微力だが、自治体、警察、消防が協力すれば大きな力になる。一緒に都民の安全を守る努力をしましょう」と答えたのは、このような配慮からだった。

連隊の守備範囲内の人口の多さと、32連隊の隊員数の少なさのアンバランスを考えれば、大規模地震などの際、連隊だけでは「焼け石に水」のようなものかもしれない。

1995年2月27日に第32普通科連隊が市ヶ谷駐屯地で実施した防災訓練「キャピタル・レスキュー95」。ビルの窓から被災者を運び出す訓練〔菊池征男撮影〕

「キャピタル・レスキュー95」で、グラウンドのレンジャー塔を利用して高所から被災者を背負ってロープ降下する訓練。周囲ではマスコミ各社が取材中である

しかし、32連隊にはそれでも重要な役割があると考えた。それは、国家・政府の意思を示すシンボルとして、自衛官が災害現場に進出することの重要性である。「32連隊の隊員が『国家・政府の先駆け』となり、速やかに現場に進出することは、都民の精神的な落ち着きに繋がる。たとえ、人命救助などが十分に行なえなくても、ともかく現場に真っ先に駆けつけ、陸上自衛隊ひいては政府・国家の意思を示すことこそが大事だ」と、密かに考えていた。

二〇〇八年五月、中国で四川大地震が発生した。温家宝首相が機を失せず、被災地に赴いたのは、この考えに相通じるものがあったからであろう。

いずれにせよ、「キャピタル・レスキュー95」の実施を通じ、私自身の防災上の責任の重さを実感させられることになったのは事実である。

第三章　事件発生

嵐の前の静けさ——送別ゴルフコンペ

サリン事件当日の三月二〇日は月曜日であったが、以前の休日を訓練に充てていたため、「統一代休」とし、二三日に人事異動（離任）が予定されていた隊員たちのための送別ゴルフコンペが、利根川河川敷の東我孫子カントリークラブで計画されていた。

スタートは八時ころだったと思う。この時間に合わせて、私は早朝六時ころ上高田の自衛隊官舎を出発してゴルフ場に向かった。第4科長の内田1尉が買ったばかりの私有車で迎えに来てくれた。3科長の岡田3佐も一緒だった。このメンバーが同じ車に乗っていたことが、後に重要な意味を持つことになる。

指揮官である私（連隊長）と幕僚（第1、2、3、4科長）が休日に揃ってゴルフなどに出かける時は、非常時に備え幕僚の一人が私有車で連隊長を送迎することが慣例になっていた。この慣例は、連隊長と幕僚が行動を共にしていれば、いざという時にはすぐに連隊に戻り連隊を指揮できるという狙いからである。移動間、車は「指揮所」（連隊長が指揮・命令する「本陣」）となり、連隊長と幕僚は事態に対処するため十分に協議（会議）できるという利点もある。

◆内田1尉の証言——

私は、幕僚の中で最も若いので、連隊長のスケジュールなどを管理する第1科長の道越3佐から、「連隊長がゴルフなどに行く時のドライバーはお前の役目だ」と言われていました。私は、2士（階級）からのたたき上げの幹部で、重迫撃砲中隊所属の頃は自衛隊車両のドライバーだった経験もあります。その後、幹部に昇進した後には車両幹部（連隊の全車両の整備や運行、ドライバーの管理などを担当する幕僚）も経験しており、車の運転には絶対の自信を持っていました。

車中で私たち三人は、もっぱらゴルフ談議に花を咲かせた。

私がゴルフを始めたのは、韓国に防衛駐在官として赴任（一九九〇年六月）する直前からだった。「防衛駐在官として海外で人脈を拡げるためにはゴルフが役に立つ」とのアドバイスを受け入れた。事実、このアドバイスを裏付けるように、韓国の陸軍士官学校においては、「ゴルフ、乗馬、テニス」が必須のスポーツとして教育されている。将来高級将校になった時、あるいは駐在武官として海外で勤務する際の社交の手段となるという理由だそうだ。

ちなみに、韓国陸軍は士官候補生のゴルフ教育のために、ソウル近郊に泰陵《テヌン》ゴルフ場を所有している。泰陵ゴルフ場は、韓国で最も古い本格的なゴルフコースである。朴大統領の「鶴の一声」で韓国陸軍が造成を担当したそうだ。

ホールごと、その番号と同じ陸軍の各師団が突貫工事で仕上げたという。すなわち、第1師団が第一ホールを請け負った。各ホールには、それぞれ造成した師団名（番号）と紋章がティーグラウンドに設置された石に刻まれている。

余談だが、次のようなエピソードを聞いたものだ。オープニングのコンペで朴大統領が三ホール目で第二打を打ったら、前方の小山に当たってしまった。大統領が「あの小山は邪魔だな」とつぶやいたら、なんと一夜のうちに陸軍を動員して、この山を削り取って、芝を張ってしまったという。朴大統領の権力の強大さを示すエピソードである。

韓国の防衛駐在官勤務に向けた外務研修所での研修の合間を利用し、米軍のゴルフ場や河川敷などの安いゴルフ場で腕を磨いたが、スコアはせいぜい一四〇前後であった。私はのめりこむ性格で、韓国では三年間に数え切れないほどのコースラウンドをこなしたし、練習も人一倍やった。自宅マンションのすぐ近くに米陸軍の竜山《ヨンサン》基地があり、その中にはゴルフ場のほかに練習場もあったから、暇さえあれば基地内に練習に出かけた。お陰ですぐにスコアは一〇〇を切るようになった。

平日、大使館から直接ゴルフバッグを担いでコースに出ることもあった。当時の柳健一大使が「また、福山武官はゴルフですか」と呆れることもしばしばだったが、大使は私の情報活動の場が大使館の外にあることを認めてくれていた。

内田1尉の車でゴルフ場に着いた私は第一パーティー（組）で、八時頃スタートした。私のペアは、同じ車に乗り組んだ作戦・運用などを担当する第3科長の岡田3佐と、化学防護資材を含む全装備品の補給・管理・整備などを担当する第4科長の内田

1尉の他、庶務担当で当日のコンペの幹事役である舘島幸曹長であった。このペアリング（メンバーの組み合わせ）が、その後、サリン事件のため、市ヶ谷の連隊に急行し、迅速に指揮活動を開始する上で、決定的な意味を持つことになる。

岡田3佐は、父親がロッキード事件の故田中元総理大臣を主尋問された検察官だったと聞いたが、父親譲りか正義感が強く、実行力に富み、バイタリティー溢れる頼もしい「作戦参謀」だった。私に似て、大食漢で馬力もあり、いわゆるパワーゴルフが持ち味だった。

内田1尉は、野球や柔道・柔剣道で鳴らした猛者で、「ゴルフ以外の運動なら何でも来い」というスポーツマンだった。天性の運動神経はあったが、ゴルフボールだけは意のままにはならなかった。

舘島曹長は、髭がトレードマークで、気配りが行き届き、私のよき庶務幹部（秘書官のようなもの）であった。ゴルフは大胆、構えたら「エイッ」と打ち込むほうで、その日の調子によってスコアが上下した。

当日のプレーも、だいたいこの下馬評通りに推移し、迫り来る嵐の前の静けさとも知らず、しばしそれぞれ無心にクラブを振り回して楽しんでいた。

都内で毒物が撒かれた！——即座に帰隊を決心

一〇時二〇分頃ハーフを終え、早めの昼食のためクラブハウスに戻ってきた。無人のフロントの前を通り過ぎようとしたところ、クラブ職員が残したとみられる書き置きのメモが偶然私の目に止まった。そのメモは、連隊当直幹部（自衛隊は有事即応できるように連隊・中隊などに年間を通じ勤務時間外も当直を常設している）から舘島曹長に宛てられたもので、「大至急、連隊本部に連絡されたし」と記されてあった。

このメモを見た瞬間、私は、「第六感」と言うべきか、「何か重大なことが起こったのでは？」と不思議な胸騒ぎを覚えた。

私は、子供の頃、超能力に似た特殊な感覚を持っていることを自覚・経験していた。子供の頃、不思議な夢に怯え、夜中に飛び起きて、泣き叫んだことがあった。するとほどなく、隣りの村で火事が出たり、漁船が転覆して人が亡くなったりしたものだ。

この時も普通ならば、「舘島曹長、君宛のメモがあるぞ。連隊本部と連絡を取っておいてくれ」で、済ますものを、自ら連隊本部に電話をかけた。

電話に出た近藤力也2尉（3科運用訓練幹部）は特に緊迫した様子もなく、「都内で毒物が撒かれたというニュースが流れています。陸上幕僚監部が化学学校に対し『市ヶ谷駐屯地に除染のための資材を集めよ』という命令を出したそうです。市ヶ谷駐屯地に化学科部隊が移動・集結するという情報もありますが、わが連隊には出動準備命令等は出ておりません。連隊長はそのままゴルフを続けても大丈夫です」との答えが返ってきた。（後で分かったことだが、当日の当直幹部は3科の黒木忠雄曹長であったが、近藤2尉が出勤してきたので、私からの電話には黒木曹長に代わって近藤2尉が応じてくれたものであった）

近藤2尉の報告を聞いた私は、「これは異常事態だ。32連隊にも必ず何らかの任務を付与されるにちがいない。自分は一刻も早く帰隊しなければならない」と〝判断・決心〟した。

私は三人のペアに対し、事態のあらましと私の判断・決心を伝え、「岡田3佐、内田1尉は私と共にただちに連隊に戻ろう。舘島曹長は、プレー中の残りの隊員たちに私の判断・決心を伝え、われわれ三人分の荷物を追送してくれ」と手短に指示した。私の判断が「空振り」である場合を考え、「後からクラブハウスに帰ってくる残りの隊員たちには、引き続きゴルフを楽しむように伝えてくれ」と舘島曹長に付け加えた。

私の心の中には、異常事態という判断が「空振り」かもしれないという一抹の希望があった。約二〇名の参加隊員のゴルフコンペを完全に中止して良いものかどうか、迷いがあったのである。それに最悪の場合でも、連隊長と幕僚の2、3、4科長が連隊に戻っていれば何とかなる、という思いもあった（2科長は留守番役として連隊に出勤しているはずだった）。

事態が最悪の場合にも、残留してゴルフを楽しむ隊員たちが、電話やラジオなどで逐次情報を確認し、事態が重大なものであることがわかれば、速やかに私たちの後を追って市ヶ谷に戻ってくれるだろう、とも考えた。今日のように、携帯電話があれば、もっと的確な指示ができていたのだが……。

連隊へ急行する車中で

われわれ三人はゴルフウエアーに泥だらけのゴルフシューズの姿のまま、ロッカーの鍵を舘島曹長に託し、ただちに内田1尉の車に乗り込み、市ヶ谷に向かった。早朝、ゴルフ場に向かう時は車もさほど混んでいなかったのだが、昼近い時間になるとさすがに渋滞で混雑していた。

まだ、携帯電話も普及しておらず、車の中からでは連隊と連絡は取れなかった。私には何となく緊迫した状況が予見され、ただ焦るばかりだった。

内田1尉は私の心情を察し、「連隊長、自分はこの辺りの出身なので裏道を知り尽くしています。任せてください」と間道に入り、交通違反スレスレに飛ばしまくった。内田1尉の経路選定と運転技術がなければ、私は都知事からの災害派遣要請のタイミングに間に合わず、対応も相当遅れていたことだろう。

内田1尉にそのときのことを語ってもらおう。

◆内田1尉の証言――

実は、内田家にとって一九九五年は不思議な年で、何か運命めいたものを感じております。つまり、一月一七日の阪神・淡路大震災の日は娘の誕生日、そして地下鉄サリン事件が起こった三月二〇日は妻の誕生日でした。

連隊長から「岡田、内田、帰るぞ、すぐ準備をしてくれ！」と言われた時点では、まだ事の重大さには気付いておりませんでした。「連隊長があぁ言われるのだから」と岡田3佐と話し、舘島曹長にロッカーのキーを預けるなど出発準備を急ぎました。

私が考えていた市ヶ谷駐屯地に帰る経路は、常磐自動車道から首都高速を経由して、最も短時間に移動できるはずでした。帰路の道路状況が気になりましたので、出発前に念のため、道路情報センターに確認の電話を入れました。私は、車両幹部時代の習慣で、自衛隊の身分証明書（IDカード）のケースに道路情報センターの電話番号一覧表を入れていたのです。

驚いたことに、首都高速の「駒形」と「東池袋」の間で事故渋滞が発生し、通過に時間がかかる——との情報。「アウト」です。しかしまだ、神様は私たちを見放しませんでした。幸いにも、私の妻の実家が柏IC近くの流山で、よく行っていたので、交通渋滞が発生した付近をバイパスする道を知っていました。

私は、道路情報センターから道路の渋滞情報を聞いた瞬間、自分でも驚くほど頭が回転し、素早く迂回路を決めることができました。因みに、私が、考えた裏道のほとんどの道路は、対向車とのすれ違いがやっとできるほどの狭い道や一方通行などでした。連隊に急ぐ道すがら、高速道路の渋滞が解消し、高速道路に切り替えるべきではないかと、気をもみましたが、連隊長が、カーラジオから流れる事件関連情報を熱心に聞いておられたので、道路情報にスイッチを切り替えて欲しいとは言い出せませんでした。

しかし、結果として私の経路選定は正しく、極めて順調に走行でき、自分が当初予定していた経路（高速道路使用）よりも五～一〇分も早く市ヶ谷駐屯地に到着することができ、ホッとしました。

車中の会話で、連隊長が岡田3佐と私に次のように言われたのを鮮明に覚えています。

「阪神・淡路大震災に対する災害派遣では、自衛隊の初動対処が遅かったことが問題視された。この教訓を踏まえ、32連隊が今度の事件で出動することになれば、早期に現場進出しなければならない。陸上自衛隊の威信が32連隊の行動に懸っているかも知れないな」

私は、連隊長と岡田3佐を速やかに連隊に送る任務の他、第4科長（兵站担当）としての本来任務についても胸の中で反芻してみた。化学剤（毒物）に対処するにはどんな装備品・資材が必要だろうか？　部下の化学装備品の担当陸曹は休みで遠出していないだろうか？　装備品などに関する「兵站指揮所」の開設準備は大丈夫だろうか？――こんなことを考えながら、狭い道を必死に運転したことを憶えています。

広がる疑問、募る不安

私（福山）は、車中ではカーラジオで最新の情報の把握に努めた。有毒化学物質は、数ヵ所の地下鉄で撒かれているようだった。私は、ラジオで把握した情報から、この事件についてあれこれと思いを巡らせた。

「いったい誰がやったのか？」という疑問が湧いた。丸ノ内線、千代田線、日比谷線の数ヵ所の駅に一斉に人間にダメージを与える毒物が散布された。被害者が多くの駅に分散していることから見て、犯人は一人ではないようだ。組織や団体の犯行に違いない。

犯人は日本人なのか、外国人なのか。ひょっとして、北朝鮮のゲリラによる攻撃か。いや、待てよ、いくら北朝鮮でもこんな無謀なことをやるだろうか。北朝鮮が化学攻撃をやる場合は、朝鮮半島情勢が緊迫し、在日米軍の動きを牽制する必要がある時だ。今、朝鮮半島情勢はそれほど緊張状態にはないはずだ。

旧ソ連にはスペツナズという特殊部隊がいたが、この特殊部隊も地下鉄に毒を撒くことくらいはできるだろう。しかし、ソ連の崩壊でスペツナズは解隊されたと聞いた。

生活の糧を失った元スペッツナズ隊員が、強盗目的で漁船などで海を渡り、北海道内の銀行などを襲撃する可能性は排除できない。しかし、東京まで遠征して地下鉄に毒物を散布する可能性があるだろうか。銀行襲撃なら分かるが、地下鉄に毒物を散布する目的は解せない。

こう考えると、北朝鮮ゲリラも、旧ソ連特殊部隊員も毒物散布の被疑者とは思われなかった。しからば、下手人は誰なのか。思い当らなかった。私は、毒物散布の犯人として外国人の可能性をあれこれ考えたが、オウムなど国内の反政府・社会勢力までは考えが及んでいなかった。

この毒物散布は一過性のものだろうか？　引き続き、あちこちに散布されるのだろうか？　また、貯水池や繁華街や野球場なども狙われるのだろうか？　東京以外の都市、大阪や博多などにも広がるのだろうか？　毒物は、化学剤だけではなく、細菌剤の散布にまでエスカレートするのか？——際限なく疑問は広がった。

「毒物の正体は何か？」ということも考えた。私は防衛大学校で応用化学を専攻した。有機化学、無機化学など化学の基礎について学んだ。その後、幹部候補生学校で、今度は軍事学の一環として化学防護に関する教育を受けた。

このような経緯で学んだ知識を手繰りながら、「タブン、サリン、ソマン……」など有毒化学剤の名称が頭に浮かんだ。化学剤の色、匂い、液体か気体か、人体への影響などについても思い出そうとした。これらの化学剤には、人体の神経組織に作用する神経剤、呼吸困難を引き起こす窒息剤、細胞内呼吸を阻害することによって死亡させる血液剤、皮膚をただれさせるびらん剤などがあることも思い出した。いずれも人間を死に至らしめる恐ろしいものである。

有毒化学剤に関する記憶が少しずつ蘇ってきた。指揮幕僚課程（旧陸軍大学校に相当する陸上自衛隊の教育課程）学生の頃、大宮市にある化学学校で見た実験の光景が思い出された。

密閉されたガラス容器の中にウサギが入っていた。ピペット方式の細いガラス管からウサギの目に目薬のような模擬化学剤を一滴点すと、その直後にウサギはクルクルと二～三度回ったかと思う間もなく倒れて痙攣し、絶命した。

「あんな恐ろしい事態が、現実に、こともあろうに人口密集地の首都東京で起こっているのだろうか。今度死ぬのはウサギではない、人間なのだ」と考えると、不安に襲われた。

毒物散布の目的は何なのだろうか。ラジオで伝えられる情報を総合すると、有毒化学物質が撒かれた地下鉄駅は皇居を取り囲むように分布しているようだ。駅のダクトから排出される毒ガスは東西南北どの方向からの風でも、毒ガスを確実に皇居方向に運べる。「もしかしたら、皇居を狙ったテロじゃないだろうか」とも、考えた。オウムのことはまだ頭には浮かばなかった。

カーラジオでは死傷者の数を数十名程度と報じているが、精製されて純度の高い神経剤であればその程度では収まらないはずだ。数千、否、数十万人以上が被害に遭う可能性もある。戦場で使われる高濃度の有毒化学剤が大規模に散布されていれば、東京は恐ろしい無差別大量殺戮の修羅場になるはずだ。われわれ三人もこうやって自動車で都心に向かっているが、死地に飛び込むのと同じだ。毒物が風で拡散すれば、市ヶ谷駐屯地の連隊隊員や官舎などに住む家族にも累が及ぶかもしれない。私も覚悟を固めようとした。口にこそ出さないものの、きっと、岡田3佐と内田1尉の二人の部下も同じことを考えていることだろうと不憫に思った。

これは「首都における一大事」であり、32連隊にもいずれ出動命令が下ることだろうが、よもや、私のような連隊長クラスに全任務を負わされることはないだろう。東部方面総監の澤田陸将（関東・甲信越の一都一〇県の防衛警備・災害派遣を任務）、もしくはその隷下の第1師団長の杉田陸将（東京、神奈川、埼玉、静岡、山梨、千葉、茨城の防衛警備・災害派遣を任務）が担当を命ぜられるはずだ。32連隊はその隷下部隊

（駒）の一つとして、一部の任務を与えられるに違いない。

こうも考えた。毒物散布事件に関し出動を命じられれば、それは極めて重大・危険な任務に違いなく、自分は連隊の部下に命懸けの任務達成を命じなければならない。今まで様々な訓練を行なってきたが、このような大都市での有毒化学剤対処は想定外のことだ。部下たちは、果たして上手くやってくれるだろうか――と、不安は募った。

連隊長という立場は重い。部下に不安を与えるような、自信のなさそうな言動は戒めねばならない。英知を尽くして、未曽有の事態に対処しなければならない。そう自分に言い聞かせた。

ここで、もう一人のパートナーである岡田3佐に車中の様子を語ってもらおう。

◆岡田3佐の証言――

アウトコース（一～九ホール）でゴルフのプレー中、ある隊員が、携帯ラジオでニュースを聞いていた。彼は私に、「複数の地下鉄が停止し、死者も出ている」という情報を知らせてくれたが、その時はまだ連隊が出動する事態だという認識は無かった。もちろん、ゴルフに熱中し、楽しんでいる連隊長の耳には入れなかった。

ハーフ（九ホール）を終了した時点で、連隊長が「部隊に帰るぞ！」と言い出された。連隊長がフロントの連絡メモを見て、自ら連隊の当直幹部に電話されたらしい。自分も連隊長につづいて、当直幹部の近藤2尉（当時）に電話したところ、「事件の概要は未掌握だが、毒ガスらしいです。ただし、師団の動きもなくそのままゴルフを継続しても良いと思います」との報告であった。

改めて連隊長にその旨を伝えたが、連隊長はなんの迷いもなく、「今すぐ帰る！」と断言されたので、やや面喰らった。

ただちに、第4科長（内田1尉）の運転する車に連隊長と私が乗り、ゴルフ場を出発した。この時の心境を正直に言えば、「今日は後半のがんばり次第では、念願の〝一〇〇〟を切れたかも……。ハーフで止めたのに、料金は割引きされなかったし。残念！」、まさに「危機管理意識ゼロ」である。

帰路、車内のラジオでは、毒ガスの影響により死傷者の数が一〇〇人以上（死者三名）出ているとのニュースが流れていた。この時点でも、「ひょっとしたら自衛隊の化学部隊が出動するかも……」という程度の認識だった。

市ヶ谷の連隊に到着寸前、ラジオで「計画的かつ大規模な無差別殺人事件（確か、テロという言葉は使用していなかったと思う）の可能性有り」との報道に接してさえも、「これは、警察の仕事だな」と思ったものだ。しかし一方で、「もし、自衛隊が出動することになったら、日本初の治安出動になるなぁ……」という思いもあった。

このように、同じ状況に置かれても私、岡田3佐、内田1尉の思いは立場により異なり、三者三様であったのだ。本書の執筆を通じ、同じ連隊の隊員でも、それぞれの置かれた立場・職責や経験などにより、事態の捉え方（見方・考え方・対処方策など）が異なることを改めて認識した。

連隊長と二人の幕僚のたった三人でもこのような有様だ。ましてや、混乱した状態で連隊規模の数百人の隊員の認識を統一し指揮するのは至難の業だ。

連隊長は、部隊が置かれている複雑な状況（敵・環境・自隊・任務など）を簡潔に整理・把握して客観的に認識し、これに基づいて確固とした対処方針（簡単明瞭でなければならない）を確立し、これを部下それぞれのレベルに応じ噛み砕いてよく理解・徹底させなければ、指揮はできない。しかも、時間の経過・事態の展開に従い、このプロセスを際限なく繰り返し継続するのが部隊指揮である。

第四章　留守部隊の奮闘

私が、内田1尉の車で、岡田3佐と三人で市ヶ谷駐屯地に向かって急行している間、留守を預かる市ヶ谷の部下たちはどんな思いで、何をしていたのだろうか。近藤2尉と岩尾2曹の回想を紹介しよう。

総員非常呼集！

近藤力也2尉は、連隊本部で作戦・運用を担当する第3科の運用訓練幹部の一人であった。彼は防大（国際関係論）出身で、32連隊勤務（八年間）を皮切りに、ノルウェー軍の国際指揮官課程への留学、第一五次ゴラン高原派遣輸送隊長勤務（この期間にイラク戦争）、インドネシア国際緊急援助隊・後方支援班長勤務（スマトラ、シンガポール、タイに出張）など国際畑を歩み、その後は東京都庁に出向し、危機管理を担当した。

私が32連隊長の頃、同2尉は、3科勤務の傍ら徒手格闘の指導教官としても活躍していた。若手の陸曹・士クラスの隊員と、とことん付き合う「熱血小隊長」として、隊員の人望があった。

◆近藤2尉の証言――

自衛隊人生最大の〝誤り〟

三月二〇日（月）は連隊の統一代休日だった。翌日が祝日の上、先の阪神・淡路大震災への部隊（炊事チーム）派遣や演習などが続いていたこともあり、部隊は四連休を取り、隊員はそれぞれ英気を養うはずだった。

当時、連隊本部で作戦・運用を担当する第3科の運用訓練幹部の中で最も〝下っ端〟だった私は、たまっていた雑務を処理するため、いつもどおり七時半頃には部隊に出勤していた。同じように、第3科の先輩の運用訓練幹部である山下1尉も間もなく出勤してきた。「おたがいに仕事がさばけないね」などと挨拶を交わし、今後の演習計画などの立案を始めようとしていた。

八時過ぎだっただろうか。テレビで「都内で原因不明の事件が発生した」とのニュースが流れた。連隊本部では情報収集のため、いくつかあるテレビは常につけておくのだ。

「何だろう?」われわれはテレビの音量を若干上げて、〝情報収集態勢〟をとった。

わが第32普通科連隊は当時、環八の内側つまり都心部に位置する唯一の実働部隊であり、連隊の隊員達は、首都防衛に任ずる〝近衛連隊〟としての伝統と誇りを持っていた。このため都内に一旦緩急あればただちに出動する気概を持っており、些細な兆候にも反応する習慣があった。とはいうものの、私はこの段階では「ただの事件」の一つであり、自衛隊の出動などは思いもよらないことだと思っていた。

しばらくするとニュースからは「有毒ガス」という言葉が流れてきた。現場に駆けつける警察や消防の映像も入ってきた。そこで初めて「大変そうだな……」という印象を持った。「有毒ガス」となると、「状況によっては化学科部隊に声がかかるかもしれないな」という意識はあったが、それ以上のこと――32連隊が出動することになるなど——は想像できなかった。私は机に向かって仕事を再開した。

しばらくして、送別ゴルフコンペのため利根川の河川敷にいるはずのわが部隊の指揮官、福山連隊長から電話がかかってきた。

「何かあったのか？」

「また連隊長も大袈裟だな」などと内心思いつつ、一応「状況報告」した。

「都内で毒ガスが撒かれるという事件が発生しました。警察と消防が対応しています。状況によっては化学科部隊に出動要請があるかもしれませんが、連隊には化学能力がありませんので、出動要請はないと思います。連隊長はゴルフを続けていただいて結構です」と、つい〝余計なこと〟まで言ってしまった……。

今から思えば、わが自衛官人生中、最大の失言・状況判断の誤りであった。

〝下っ端〟の2等陸尉の判断としては「普通」だったのかもしれないが、この報告を連隊長が鵜呑みにして戻ってきてくれなかったら……、と考えて、あとでゾッとした。

ありえない電話

その直後、「陸幕（＝陸上幕僚総監部。昔でいうところの『参謀本部』）防衛部の運用課長だが」と名乗る〝将軍閣下〟から電話がかかってきた。はじめは何のことだか分からなかった。末端部隊の運用訓練幹部風情が、畏れ多くも「参謀本部」たる陸幕、しかも将官と話をすることなどあり得なかった。

だいたいにおいて命令や指示というものは、32連隊の直属の上級司令部である第1師団司令部（練馬）から来ることになっている。その第1師団司令部に命令を出すのがその上の東部方面総監部（朝霞）であり、陸幕は東部方面総監部の上の、いわゆる「陸上最高司令部」なのである。その陸幕から、こともあろうに東部方面総監部や第1師団司令部を飛び越えて、運用課長のような方から直接電話が来るはずがない。

あり得ない電話であった。誰かがふざけているのだろうと思い、「はあ？」と怪訝な答えを返してしまった。

「連隊長はおるか？」

かなり高圧的に聞こえた。若干の緊迫感もあった。

「いえ。連隊長は代休で休んでおります」

「幕僚はいないのか？」

「連隊の統一代休のため、私をはじめ若干の者がいるだけです」

「……」

一瞬、将軍を騙る人物（その時は、まだ疑っていたのだ……）が沈黙した。瞬時に何かを判断しているらしい。

「あの……」

「君は誰だ？」

「連隊の運用訓練幹部、近藤2尉です」

「よし、連隊はただちに派遣準備態勢を整えろ！」

この辺りまでの電話の会話の雰囲気で、どうやら大変ことになっていることは、何となく理解できたが、当時の私は、状況に柔軟に対応するのに、若干の時間を要した。

「あの、上級部隊からの命令は……」などと形式にこだわった。

「バカ者！　そういう状況じゃない。一刻を争うんだ。急げ!!」

と一喝されると、体は直立不動になり、パブロフの犬のように階級社会の本能で反応するだけだった。

「は、はいっ！」

一気にアドレナリンが吹き出した。

その後、〝将軍閣下〟に何と言われたかは記憶にない……。

テレビからは「サリン」という言葉が飛び出して来た。

「何っ、サリン⁉」

私は、化学兵器について詳しくはなかったが、軍用の神経性猛毒ガスに「タブン」「サリン」「ソマン」というものがあることくらいは知っていた。それが撒かれたとなれば大規模テロだ。そこへ将軍からのホットライン……事の重大性がようやく飲み込めた瞬間だった。

大混乱の指揮所

次々に飛び込んでくる映像・ニュースは衝撃的なものだった。現場では数千人が被災し、何人もの地下鉄通勤客が口から泡を吹いて倒れ、全身痙攣を起こしてのたうち回っているという。

「た、大変だ！　れ、連隊、非常呼集っ！」

私は、その日の連隊の当直幹部だった黒木曹長に全隊員の呼集を指示するとともに、連隊長のいるゴルフ場へ電話をし、ゴルフ場の職員に「至急連隊に戻られたし」の伝言を、「あらゆる手段を使って伝えて下さい。緊急事態なんです。マイク放送でダメならコースに追いかけて行ってでも絶対に伝えて下さい！」と念を押し、連隊長に対する先ほどの自らの〝失言〟をリカバーするのに必死だった。

「おい、近藤。何だか大変なことになってるようだな！」

その日、連隊長の幕僚としては唯一人だけ出勤していた第2科長（情報参謀）の富樫三子夫1尉が、3科に駆け込んできた。

その後、次から次へと上級部隊から電話がかかってくる。参謀本部＝陸幕からは今度はキリヤマ3佐と名乗る防衛部の担当から。そして方面総監部からも次々と連絡が入る。依然として師団司令部からは連絡がないという異状な状態（実は師団長以下ゴルフで不在だった）の中、「第32普通科連隊は二〇〇名の出動態勢をただちに整えろ」やら「化学科部隊の応援を32連隊に差し出す」とか「化学装備・資材を市ヶ谷に集積する」やら「32連隊に対する化学科の増援部隊と装備品の受け入れ態勢をとれ」など、矢継ぎ早の指示が来て、われわれはパニック状態になった。

それでも第2科長や山下1尉と手分けをして、作戦を行なう場合に立ち上げる「指揮所」を連隊本部内に設置し、都内の地図を展開した。第2科長がテレビや上級部隊からの情報を、整理する暇もないまま地図上にプロットした。連隊をどのように運用するかを連隊長に判断してもらうために、ありとあらゆる情報をとにかく「羅列」するのが精一杯だった。

通信小隊の残留隊員に無線、有線を準備させ、指揮所の「体裁」を何とか整えた頃、東部方面総監部などから連絡幹部数名が到着した他、化学学校の幹部数名が「応援に」駆けつけた。

次から次へと「○○から来た連絡幹部」などと自称する人物が現われた。正直いってこの「指揮所」の中には、「何のためどこか

サリン事件当日午前、地下鉄築地駅付近の路上で被害者の救護を行なう救急隊員ら〔東京消防庁提供〕

ら来たのか分からない人々」が次々に入ってきて、次第にごった返すようになってきた。これから一体、どのような事態・オペレーションが展開されるのか、全く予想できなかった。

一方で、連隊の〝総員非常呼集〟は、なかなかままならない。当初、私から、「連隊非常呼集！」の指示を受けた当直・黒木曹長の動きは早かった。ものの一〇分もすると「運幹、非常呼集、完了！」との報告がきた。

「えっ⁉」と驚きつつ、黒木曹長に誘導されるままに連隊隊舎前の営庭（グラウンド）まで出ると、一個小隊の他、パラパラと何名かがジャージ姿で並んでいるだけではないか……。

私が、疑問の言葉を発しようとすると、当直殿の黒木曹長は機先を制して、

「残留者、〇〇名、集合完了！」

と、自信満々の報告。

整列している一個小隊は、もともと災害派遣用に備えて待機する制度に基づき命ぜられていたものだった。

「違う、違う！　連隊総員の非常呼集だ！　第三種非常勤務態勢だよっ！　各中隊の当直は手分けをして、連隊全隊員を呼集してくれ！」

私の電話での指示が黒木曹長に徹底していなかったことによるミスだった。当時は携帯電話が普及していたわけでもなく、連隊に六個ある中隊の各当直からＮＴＴ電話で一人ずつ呼び出すという作業だった。

この「代日休養日」を含めた「四連休」を利用して遠出している隊員も多い。「こんな状況で本当に二〇〇人も集まるだろうか……」という不安に駆られていた。そんな状況の中で、「異変」を察知して自主的に部隊に戻ってくる隊員もいて、一人、また一人と隊員が市ヶ谷駐屯地に集まってきた。いつしか時間の経過とともに、三〇人、五〇人、一〇〇人……と増えていった。こうして集まって来る近衛連隊の戦士たちの姿が、何と頼もしかったことか！

指揮所の設営

岩尾貢2曹は、連隊本部で作戦・運用を担当する第3科の訓練陸曹（連隊の訓練管理を補佐）であった。同科の清水剛1尉によれば、岩尾2曹は「温厚・誠実で人が嫌がる裏方の仕事を黙々とやるタイプで、頼りになる男」という人物評だ。また、4科長の内田1尉によれば、「岩尾2曹は頭が良く、重迫撃砲中隊時代は射撃に関する計算が得意だった。32連隊の野球チームでは自分とバッテリーを組んだ間柄（岩尾2曹が捕手）」とのことだ。

その回想は次の通り。

◆岩尾2曹の証言――

サリン事件当日は年度末が迫る時期に当たり、自分は師団司令部に報告書を提出するために、訓練成果のデータを集計する作業に追われていました。当日、私は、計算機を片手に各中隊から提出された訓練成果を集計しておりました。当時はまだ訓練データを集計するための「計算ソフト」ができていなかったため、電卓を使っていました。

3科勤務で当日出勤した者は、私の他には運用訓練幹部の山下1尉と近藤2尉だけでした。集計作業に没頭する中で、ふと情報収集用のテレビを見ると、何やら地下鉄構内で事故（事件？）が発生したようだと伝えていました。その時間帯は各局とも「ワイドショー」の類いの番組で、いずれの局も「何が起こったのでしょうね？」という調子で少しずつ騒ぎ始めたようでした。

一一時ころだったと思いますが、３科長の岡田３佐専用の電話機に誰からかは分かりませんが電話がかかってきたようでした。その直後、山下１尉から、「岩尾２曹、かねてからの計画どおり会議室にＣＰ（指揮所）を作ってくれ」という指示を受けました。

私は、山下１尉の言動から緊迫した雰囲気を感じ、理由も聞かずただ「ハイ」と答え、ただちに準備を始めました。後から聞いた話では、山下１尉にかかってきた電話の主は、陸上幕僚監部の幕僚だったそうです。

私は、当初一人で指揮所用資材を格納している倉庫に向かい、まず「作戦台」を引き出し、会議室に運び入れました。「作戦台」とは、縦三メートル、横一・五メートルの台を二つ並べて三メートル四方の台に組み立てたものです。その上に三メートル四方のベニヤ板を張って地図を乗せ、情報や作戦図（自衛隊で決めた記号・符号で作戦内容を表記したもの）を記録して、連隊長や幕僚などが連隊に関わる情報（敵や味方部隊の現況）を把握して、作戦計画を検討したり、中隊などを指揮するために使用するものです。

作戦台は二〇分ほどで完成しました。自分はその後も昼食抜きでＣＰ（指揮所）の整備に没頭しました。作戦台の後は、①情報（地下鉄サリン事件）モニター用テレビの設置、②電話機の設置（1～4科と指揮所の間の電話回線）、③連隊長・幕僚などが座る椅子の搬入などを行ないました。通信に関しては、その後通信小隊が全力で有線・無線を全面展開し、師団や出動中隊（除染隊）などと通話可能なネットワークを完成してくれました。

これだけでは不十分でした。自分は、今回の毒物対処の特性として、都内の地図が必要なことに気付きました。当初自分は、道路公団発行の高速道路の地図を作戦台の上に張りましたが、後に2科の隊員が、焦点になる地下鉄を明示した都内の地図を持ってきたので、これに張り替えました。もちろん、グリス鉛筆（赤、青、黒、緑など）で図上に記録できるように、ビニールで地図を覆いました。こうして、連隊長が登庁される少し前にＣＰ（指揮所）が完成したのでした。

第五章　出動準備

指揮所に飛び込む

内田1尉の交通違反すれすれの見事な運転により、私は午後一時一九分、連隊の指揮所に飛び込み、用意されていた連隊長の座席に着くことができた。都庁からの要請に基づき、一二時五七分、第1師団から災害派遣命令がすでに発令されており、私は命令受領から約二〇分遅れでかろうじて滑り込んだのだ。

◆近藤2尉の証言――

私達が指揮所開設を何とか整えたところへ連隊長が帰ってこられた！　これほど安堵した瞬間はなかった。自分の「間違った」報告のために「連隊長がゴルフを続けていて部隊派遣が著しく遅れた」となっては、言葉では言い尽くせないほど、自衛隊にとって「大変な」ことになっていただろう。幸か不幸か、連隊長と二人の科長が一緒にいたために、「まとめて戻って来られた」反面、「まとめて戻って来られなかった」場合もあり得たわけで、そのことを考えるとゾッとする……。

連隊長到着後、情報参謀の第2科長・富樫1尉が状況を報告。続いて陸幕、方面総監部の連絡幹部らが状況を説明。さらに警察からの連絡幹部も到着しており、連隊長に何やら細々と説明。そして、今回の毒物の専門家である化学学校の幹部からの報告を、眉間にしわを寄せて聞き入る連隊長の姿は、真剣そのものだった。

連隊長の目の前には、事件の発生現場をプロットした「状況図」の他に、「作戦図」として東京都心部の地図が置かれ、通常われわれが部隊を運用する際に部隊の動きを図示する〝オーバレイ〟という透明のビニールが、まだ白紙状態で地図上に載せてあった。そこに連隊長がどのようなオペレーションを描こうとしているのか、われわれは固唾を呑んで見守っていた。

その時の私（福山）の服装は、まさにゴルフウエアーにゴルフシューズであった。ゴルフウエアーのままだったのは、戦闘服に身を固めた部下に違和感を持たれることを懸念するよりも、一刻も早く地下鉄における毒物の被害の実情、陸上幕僚監部など上級部隊の対処方針、連隊の隊員の呼集状況、化学科部隊などの状況などを把握し、当面連隊として取るべき方針と処置を判断し、これを指示することの方が先決である――との思いからだった。

じつは、私は自分がいつ戦闘服に着替えたのか覚えていない。当時、連隊長伝令（連隊長の身辺整理を担当）だった瀬戸城二士長は次のように回想する。

◆瀬戸士長の証言――

自分は、大田区の自宅で昼近くにビールを飲んでいると、第1科の松田1曹から電話があり、「もうすぐ連隊長が登庁されるので、お前も出て来い」と呼び出しを受けました。慌ててタクシーで駆けつけましたが、連隊長はすでに到着された後でした。

連隊長室に行ってみると、ゴルフウエアーや泥のついたゴルフシューズが乱暴に脱ぎ捨てられていました。また、ロッカーの扉も開いたままで、私がアイロンをかけて用意しておいた戦闘服を着用された様子でした。この様子を見て、連隊長はよほど急いで着替えられたのだと思いました。自分が、着替えに間に合わずに申し訳なかったと思いました。

騒然とした指揮所で

指揮所には、連隊の通信小隊が多数の自衛隊専用電話（有線）を応急に増設するとともに、連隊隊舎の屋上には、無線のアンテナを高々と上げ、私が無線と有線の両方の通信手段を通じ、指揮下の災害派遣部隊（除染隊）と通話・指揮ができるようにしてくれた。このように作戦・運用（災害派遣を含む）を実施する際には通信が極めて重要である。

ちなみに無線通信は、都内では高層ビルに電波が遮られ、通話できない地域ができる。通信小隊は、普段から通信伝播状況を調査するため、都内各地に展開して通話試験を行ない、通話の可否に関するデータを整備することに努めていた。ところが、都

サリン事件対処のため連隊隊舎2階に設営された指揮所。戦闘服に着替えた著者は東部方面総監部と直通電話で打ち合わせ中である。隣りの電話機は第1師団司令部との直通電話。画面右方に作戦図が広げてあり、手元の黒い伸縮式のポインターで指示をする。画面左の壁際に立てたボードに、必要に応じてメモや文書等を貼り付けていくのだが、まだ何も貼られていない。窓際に立っているのは左から、2科長・富樫１尉、3科運用訓練幹部・井上2尉、3科長・岡田3佐

内各区・市の災害対策の中枢となるべき区・市庁舎との通話試験は自治労などの妨害にあって、調査ができないところが多かった。

指揮所の中は、ひっきりなしに鳴り響く何本もの電話、電話での応答、各中隊との連絡などのために慌ただしく出入りする隊員たちの靴音などで騒然とした雰囲気であった。電話は、東部方面総監部（第1師団の親部隊、関東・甲信越を管轄、司令部は朝霞駐屯地）や1師団司令部（32連隊の親部隊、首都を含む関東地区を管轄、司令部は練馬）との間に数回線、各中隊との間に六回線などが多数構成されていた。ひっきりなしにベルが鳴り、上級司令部や隷下の中隊との間で、状況の確認や要請・指示・命令などが同時並行的に続いていた。

今も鮮明に覚えているのは、東部方面総監部からの連絡幹部・濱谷照男2佐が私の行動を冷静に観察しつつ、32連隊の準備状況などを時おり防衛部長の竹田治朗1佐や防衛課長の別所利通1佐に小声で伝えていたことだ。

一方32連隊の親部隊である第1師団（関東地方を管轄）とは連隊の作戦、情報、人事、兵站、通信等の幕僚が師団司令部のそれぞれのカウンターパートの幕僚と電話やファックスで調整に余念がなかった。また、これらの連隊幕僚は、隷下の中隊ともやり取りしなければならない。

また、各中隊からの「伝令」（連絡員）などがバインダーに書類やメモ用紙を挟んで持ち、指揮所に出入りし、中隊から派遣された担当幹部・陸曹などとやり取りしていた。これらの伝令は、ほとんど駆け足で移動しているため、半長靴（軍靴）の足音の響きや荒い呼吸が全体の慌ただしさを際立たせていた。

臨時作戦室は文字どおり「蜂の巣を突ついた様な」状況であった。こんな切迫した状況になると、人は眉間にしわを寄せ、険悪な雰囲気になりがちである。私は努めて明るく振舞い、肩の力を抜いてその場の緊張した空気を和らげることに努めた。

臨時作戦室にいた三〇人ほどの幕僚（スタッフ）などの耳目は、私の一挙手一投足を注意深くモニターしているのを肌で感じた。決して寡黙にならず、スタッフに語りかけ、眉間にしわを寄せず、にこやかに振舞うことに努めた。司令部の雰囲気は極めて重要であり、その雰囲気により、幸運の女神も引き寄せるし、不幸の貧乏神も呼び寄せるということを、それまでの戦史研究や自衛隊における訓練・演習などで学んでいた。

情報幕僚の状況図

地下鉄サリン事件対処においては、数々の幸運に恵まれたが、情報担当幕僚の第2科長・富樫1尉がゴルフをやらなかった（できなかった）のもその一つだ。そのために、自ら「残留勤務」を買って出て、事件発生当日は定刻には出勤していた。「残留勤務」とは、平日に連隊が統一代休を取る場合は、災害派遣などの非常事態に備えて、第1科長（人事担当）、第2科長（情報担当）、第3科長（作戦・運用担当）または第4科長（武器、弾薬、燃料、食料などの兵站担当）の四人の幕僚の中の一人を出勤させ、平常勤務をさせる制度だった。

オペレーション（作戦・運用）において、情報は、極めて重要である。連隊長の情報幕僚が事件発生の立ち上がりから情報をモニターできていたことは、本当に幸運であった。富樫1尉は出勤後、テレビなどで毒ガス散布のニュースを知るや、テレビから得た情報を主体に、被害発生状況を「状況図」に克明に記録していた。

「状況図」とは、本来、指揮官や幕僚が作戦計画を立てたり戦闘指導をする上で戦況（戦局）を把握するために用いるもので、敵と味方の状況を一枚の地図上に分かりやすく記入したものである。富樫1尉が作った「状況図」は、東京都の地図（縮尺：一万分の一）に透明なビニールを被せたものの上に被害発生箇所には赤玉の付いたピンを刺し、その場所に直接ビニールに赤のグリース鉛筆で「1H5W」の要素で被害などの概要を記入していた。指揮所に飛びこんだ私は、冨樫1尉が状況図を立派に完成させてくれているのを見て、何となく落ち着き、「これは、幸先が良いぞ」と思った。

陸上自衛隊では近年「ＩＴ化」が進み、連隊や師団の戦闘訓練においては、パソコンなどの画面に戦場の地図を表示し、その上に敵を赤、味方を青の符号・記号で表記するようになったが、第二次世界大戦において米軍が考案したと考えられる従来の方法――地図の上にビニールをかけ、この上に赤、青、黒色のグリース鉛筆により「手書き」で状況や作戦計画などを符合・記号を使って書き込んでいくやり方――も併用している。野戦では、常に電源を確保しパソコンを使えるとは限らないのだ。

自衛隊を含む各国軍においては、教範（マニュアル）で軍部隊（師団、旅団、連隊、大隊、中隊、小隊、班など）やその作戦行動（攻撃や防御など）についての記号や符合を定めている。作戦計画や戦況などを地図上に表記する際は、すべてこの教範に定められた符合・記号で書くことになっている。これにより、戦場における膨大な各種情報を一枚の地図の上に簡略化して表記できるように工夫しているのである。

戦場の状況や作戦計画などをすべて文字で記述すれば、膨大な文書が必要となる。これら膨大な量の文書を読んで、戦況などを理解するのは困難であるばかりでなく、時間がかかる。戦場では、時間が勝敗を決する大きな要因であり、多くの情報を符合や記号で簡潔に分かりやすく表現して、短時間で指揮官などに理解させる状況図は極めて重要である。

私は、富樫1尉が苦心して簡潔に分かりやすく作成してくれた一枚の状況図のお陰で、サリン散布に関する情報を短時間に把握することができた。

災害派遣計画の作成

私が、登庁後ただちに取り組んだ作業は、災害派遣計画の策定であった。計画の立案は、作戦計画の立案に準じた手法を取ることにした。

作戦計画立案の方法論の中心にあるのが「状況判断」である。

「状況判断」とは、与えられた作戦環境（任務、敵、自軍や地形など）の中で、「最小の損害で、最も効率的に任務（敵の撃破など）を達成できる『方策』」を見つけ出す論理的な思考方法である。「状況判断」においては、任務を「一応達成できる方策（やり方）」を、通常二〜三通り（第一案、第二案、第三案）列挙し、これを与件（任務、敵、自軍、地形など）に基づき、時間経過に従い戦闘シミュレーションを行なってみる。戦闘シミュレーションを行なうことにより、それぞれの案の特性（損害、任務達成の容易性、リスクなどの問題点）が明らかになる。

最終的には、重視する比較要素（損害や任務達成の容易性など）に照らし、列挙した案の中から最良のものを「指揮官」が責任を持って選択する。「状況判断」は、陸上自衛隊幹部の必須の「ワザ」で、幹部学校・指揮幕僚課程（旧陸軍大学校に相当）などで徹底的にたたき込まれる。もちろん、卒業成績もそれで決まる。

私は、「災害派遣計画」を立案するために、①師団から与えられた「災害派遣命令書」に示された任務、および②状況図に示されたサリン散布情報などに基づき、「状況判断」を行なうこととした。

「状況判断」で最初にやるべきことは「任務分析」である。任務は、通常、上級部隊指揮官（連隊長の場合の上級指揮官は師団長）から達成すべき目標を示される。また、場合によっては、目標と目的をセットで示されることもある。任務分析に当たっては、上級部隊指揮官の構想（作戦全体の考え方）をよく理解し、自己の任務がこの構想の中において占める地位と役割を明確にし、任務に基づき具体的に達成する目標とその目的を明らかにする。分析の結果、具体的に達成する目標が数個ある場合には、その優先順位や時期的優先順位も明らかにする。

「任務分析」の簡便な方法としては、与えられた命令の中に記述された自己の任務を

「1H5W」に分析するなどして、「必ず達成しなければならない目標（必成目標）」と「達成することが望ましい目標（望成目標）」を完全に明確にすることである。任務分析が不十分で、これを誤ると、どんなに努力してもピントがはずれた作戦（オペレーション）となり、部下に無駄な苦労をさせることになるのだ。

派遣命令への二つの疑問

「災害派遣命令」は、私がゴルフ場から駆けつける二〇分程前に第1師団長から電報で届いていた。そこには、32連隊の任務として、「第32普通科連隊長は都内の毒物を探知し、これを除去せよ」という、至極簡単な文言が書かれてあった。この命令に接して、二つの疑問が胸の中にわいた。

第一の疑問。毒ガスが散布され人が死亡しているというのになぜ「治安出動命令」ではなく「災害派遣命令」なのか？

今回の事態は、台風、地震、洪水等の自然災害ではなく、地下鉄内に意図的に散布された毒ガスによる殺人・無差別テロではないのか。これが災害派遣とはおかしい

――との疑問だった。毒ガスを散布するような犯人は、常識では考えられない暴挙をしでかすと考えた方がいいだろう。犯人たちは、地下鉄に毒ガスを散布しただけでは満足せず、引き続き人が集まる場所に毒ガスを撒き散らしたり、銃や爆弾などの凶器を用いて無差別テロを継続するかもしれない。ターゲットとしては、市民ばかりではなく除染などを行なう自衛隊員を狙うかもしれない。

災害派遣命令で出動する場合は、法的に小銃や拳銃（弾薬を含む）は携行できないので、万一、そうなった場合には、市民を守ることもできない。陸上幕僚監部は、犯人がこれ以上無差別テロを実施しないという明確な情報を手に入れたのだろうか。

このように、様々考えてみたが、私は災害派遣命令の妥当性についての疑問を消し去ることができなかった。しかし、状況は急迫しており、そんな疑問を解明している暇はなかった。

第二の疑問。命令の内容が漠然として、命令の体をなしていない。

陸上自衛隊の教範には、「命令は、用語及び表現を適切にし、内容が明確で受令部隊（注・命令を受ける部隊）に一点の疑義をも持たせないようにすることが重要である」と書かれてある。この教範に照らし、私が受領した命令はなんと解りにくい命令だろうか。「１Ｈ５Ｗ」に分析してみようとしたが、あまりにつかみ所がない内容に驚き、戸惑った。きっと陸上幕僚監部の幕僚たちも未曾有の事態に遭遇し、大混乱のうちにこの命令を起案したのだろう——と思った。

「都内の毒物を探知」というが、探知する対象の毒物は、現在報道で明らかになっている散布済みの毒物だけなのだろうか。都内で生産・貯蔵・隠匿されているものまでも捜索せよというのか。それは警察の仕事ではないのか。犯人は、今後も毒物を散布し、散布箇所がさらに増えることはないのだろうか。毒物とはいったい何だろうか。サリンだという情報はあるが、本当だろうか。他の毒物はないのだろうか——などさまざまな疑問が残った。また「これを除去せよ」とあるが、どうやって？

正直に言って、何からどう手をつけてよいのか戸惑った。何しろ、無差別テロと思われる事態下の有毒化学物質を除去（除染）する作戦など、自衛隊は一度も経験したことがなかったのだから。作戦の手引書である「教範（マニュアル）」として「特殊武器防護」があったが、市街地での事態対処に関しては十分ではなかった記憶がある。しかも、化学科部隊（化学防護隊）という化学兵器（毒物）対処の専門部隊が、毒物処理のため市中に出動すること自体が初めてのことなのだ。

何もかも初めてのことばかりで、当時の私の心情を率直に吐露すれば、地下鉄サリンの除染任務を命ぜられたのは「青天の霹靂」であり、任務達成の見通しについては

「五里霧中」という言葉がぴったりだった。

苛性ソーダの集積

今回の毒物の除染（毒物を化学剤で中和・分解して無毒化すること）に当たっては、化学科職種の専門的な知識と能力が不可欠であったが、幸いにも、大宮市にある化学学校から私の登庁に先んじて押川2佐や井口2佐など化学兵器に関する専門の幹部スタッフ数名が到着していた。

私はこれら化学の専門スタッフや連隊の幕僚たちに、まず何をすべきか、何から手をつけたらよいのか、意見を聞いてみた。そして、当面の「任務」としては、「現在明らかになっている地下鉄各駅に散布された化学剤（毒物）の除染を行なうこと」と決心した。この当面の任務が終了すれば、陸上幕僚監部からさらなる任務が与えられるだろう。

この頃になると、陸上幕僚監部からの情報やテレビのニュースなどから、毒物の正体は「サリン」であることがほぼ断定されるようになっていた。化学学校の専門スタッフによれば、サリンを除染するには苛性ソーダで中和すればよいとのことだった。

そこで私は、3科長と4科長に大量の苛性ソーダを連隊の営庭に集積するように指示した。

後で分かったことだが、苛性ソーダは第1師団のみならず、当時、化学科兵站の中枢を担う武器補給処大宮支処（大宮駐屯地）にもストックはなかったそうだ。苛性ソーダの集積は内田1尉以下第4科のスタッフが頑張ってくれ、上級部隊の第1師団第4部（兵站スタッフ）などに要求するなど八方手をつくしてくれた。武器補給処大宮支処には在庫がないので、民間業者から緊急調達する手続きが取られた。ビニール袋に入った苛性ソーダが業者のトラックで次々と搬入され、営庭の一角に積み上げられたが、それはちょうど除染部隊が出動する前後になり、一部の除染隊の出動には間に合わず、後で現場に追送した。4科長によれば、苛性ソーダの一部はヘリコプターで市ヶ谷に緊急輸送されたとのことであった。

「逐次戦闘加入」か「統一戦闘加入」か

師団の命令では、化学学校第101化学防護隊（大宮市）、第1師団化学防護小隊（練馬区）、第12師団化学防護小隊（群馬県・相馬原）の三個の化学科部隊が私の指揮下に加えられることになっていた。化学学校第101化学防護隊と第12師団化学防護小隊は市ヶ谷駐屯地に向けて移動中であったが、第1師団化学防護小隊だけは市ヶ谷駐屯地には向かわず、直接、地下鉄霞ケ関駅の現場に向かっていた。

ちなみに、後で述べるが、32連隊の中本尚明3尉が指揮する除染隊「霞ケ関隊」が現場に到着した時には、第1師団化学防護小隊が先に到着していて、すでに除染作業を開始していたが、中本3尉は地下鉄構内の現場に下りるまでその事実を知らなかった。これが、銃弾を撃ち合う状況なら友軍相撃になる事態だったわけで、当時の混乱した状況がわかる。

市ヶ谷に向け移動中の二個の化学科部隊は、道路の混雑状況から考えて、到着が相当に遅れるとみられていた。

私は、除染部隊を現場に出動させるに際し、二つ問題を解決しなければならなかった。

第一は、戦術用語でいえば「逐次戦闘加入」か「統一戦闘加入」のどちらが良いかという問題だった。

「統一戦闘加入」を採用する場合は、埼玉県大宮市と群馬県相馬原から移動中の二個の化学科部隊の市ヶ谷駐屯地到着を待って十分な調整・準備をさせた後に現場に出動させることになる。

一方、「逐次戦闘加入」の場合は、取りあえず準備ができた32連隊だけの隊員で編成した四個の除染隊を努めて速やかに現場に先行させ、二個の化学科部隊が市ヶ谷に到着後、いったん私がこれらの部隊を掌握し、必要な事項を示して、先に普通科部隊の除染隊が進出した現場に追及させるという手順になる。

右の二案のどちらを選ぶべきか。

普段、相互にまったく知らない二つの部隊を一つに編成するためには、本来はこれら二つの部隊を一堂に集め、十分に意思を疎通させ、お互いの能力について確認させ、様々な取り決めを行ない、統一した計画を作らせ、通信手段を確立するなど十分な準備・調整を行なわせるのが原則で、「統一戦闘加入」の方が望ましい。拙速に「逐次戦闘加入」を行なうのは、敵の戦闘準備未完成等の弱点に乗ずるなどの戦機（タイミング）を重視する場合である。

今回の状況では、「統一戦闘加入」をするためには、化学科部隊の市ヶ谷到着を待たなければならず、現場進出が相当に遅れることが予想された。

この戦闘加入要領の問題については、テレビの現場中継がヒントを与えてくれた。現場から実況中継している記者は「自衛隊はまだ到着しておりません」という言葉を繰り返していた。マスコミも都民も自衛隊の現場進出を今か今かと待っている雰囲気が私にもひしひしと伝わってきた。今回のようにサリンによる無差別テロの可能性がある恐ろしい状況下においては、国民が自衛隊の早期出動を期待するのは当然のことであったろう。また、これまでの災害派遣について思い出してみると、「拙速」について批判されることはほとんどなく、むしろ「遅延」することを批判されるケースが多かった。このことに鑑み、派遣準備が不十分でも努めて早く部隊の一部を現場に進出させる「逐次戦闘加入」要領を選択することと決心した。

この決心をするに当たり、歴史的な教訓も思いだした。幹部学校の指揮幕僚課程における戦史教育で、「関東大震災で、都民がパニック状況に陥った時、時の陸軍は騎馬隊百騎をもって目抜き通りを行進させたところ、人心が落ち着き治安を回復できた」――と学んだ。関東大震災という未曽有の国家的大惨事の中にあっても、陸軍が健在する様子を顕示（デモンストレーション）することにより、民心を落ち着かせ、治安・秩序を回復させることができたのだ。この戦史の教訓から、自衛隊が事件現場に出動すれば、問題全てが解決するという訳では決してないが、少なくとも国民に安心感を与え得る――と思った。

「災害派遣部隊・除染隊の一部を務めて早く現場に進出させる」と決心したものの、

問題もあった。32連隊主体の除染隊のみでは、サリンについての専門的知識が不十分で、除染のためにはあまりメリットがないばかりか、かえって危険である。そこで、化学学校から派遣された専門スタッフを32連隊主体の除染隊に一人ずつ同行させることとした。これにより、現場で駅職員、消防官、警察官などから、サリンの散布場所など専門的情報を聞くことができるほか、化学学校のスタッフと普通科の隊員で構成した偵察チームにより、除染隊自らも地下鉄構内現場の毒物の検知や汚染場所の特定などの除染に必要な情報入手が可能になる。また、駅現場であらかじめ苛性ソーダの五パーセント水溶液を作り、携帯除染器に充填しておけば、除染準備はほぼ完璧だ。そうすれば、化学科部隊の到着までに、除染のお膳立てが出来上がり、最も効率的に除染できるというわけだ。

「普化チーム」を編成

第二の問題は、連隊固有の普通科部隊と配属された化学部隊をどう組み合わせ、除染チームを編成するかという問題であった。これの解決には、陸上自衛隊の戦闘戦術の一つである「普戦チーム」の応用を思いついた。「普戦チーム」とは、普通科（歩兵）部隊と戦車部隊を一つのチームに組み合わせて戦闘部隊を編成する要領である。編成にあたっては、相互の長所を活用し、短所を補い合うのがポイントである。

戦車は長射程の戦車砲や車載機関銃の火力を発揮し、道路外のでこぼこの不整地を高速で疾走（機動）できる長所があるが、林の中やバンカーの中に隠れた敵歩兵の対戦車ミサイルなどの餌食になりやすいという短所がある。一方、普通科部隊は兵士一人一人が広く展開して、歩きながら地域を耕すように敵の対戦車ミサイルなどを排除できるが、戦車のようなスピードに乏しく、火力も小銃や機関銃が主体である。「普戦チーム」とは両部隊を組み合わせてその弱点を補い合う編成要領・戦法である。

この例にならって、災害派遣部隊を「普化チーム」として編成するアイディアを採用した。「普化チーム」では、化学科部隊は毒物の検知、除染などの専門的な能力を生かしこれに専念させ、普通科部隊は連隊本部との連絡、駅・消防・警察関係者などとの調整、苛性ソーダの搬送・水溶液の作成、周辺の警戒、市民の危険地域立ち入りの統制、化学科部隊の除染の補助作業などを実施させるというアイデアであった。

当時、連隊の編成定員は一一三五名となっていたが、実際に充足されている隊員は七〇〇名程で、さらにこの中から自衛隊の各種学校に入校中の者、他部隊への派遣勤務者等を除くと、実際に行動できる隊員は五〇〇名程度しかいなかった。このうち、災害派遣出動までに事件のニュースを聞いたり、非常呼集命令を受けて連隊に戻って来た隊員は、ほぼ半分の二二六名に過ぎなかった。隊員の中には、富士や箱根までオートバイのツーリングで行楽に出かけていて、毒物撒布のニュースを聞くや、ただちに連隊に駆けつけたものもいた。

連隊に出頭した二二六名の中から連隊本部勤務および連隊本部の活動を支援する隊員ならびに「結核患者」を除くと、現場に出動できる隊員は一二〇名程度であった。この程度の隊員数であれば、化学科部隊の隊員との混成で四個程度の除染隊の編成が可能である、と見積もった。四個の除染隊であれば、連隊固有の四個普通科中隊を基幹として編成できるという便宜性があった。

（注）余談だが、連隊の「結核患者」について説明しておこう。私が連隊長に着任する前のことだが、結核にかかりながら、通院すると偽って都内で遊んでいた隊員がいた。治療しないままなので、本人が悪化するのはもちろん隊内に感染患者が広まってしまった。サリン事件当時は、一〇名ほどの発病者や「強陽性」の隊員の健康回復に努めている途上であった。

四個除染隊を編成

私が考えた四個の除染隊の編成案を追認するかのように、第1師団司令部より「32連隊は、日比谷駅、霞ケ関駅、築地駅、小伝馬町駅の計四ヵ所に除染隊を派遣せよ」という具体的な指示を受けた。

連隊は、出動可能な連隊の隊員約一二〇名と三個の化学科部隊の総勢約七〇名とをもって四個の除染隊を編成した。除染隊の指揮官には中隊長を充てたかったが、中隊長は二人しか出動に間に合わなかったので、他は二人の小隊長を充てた。

普通科部隊とペアを組む化学科部隊は、中隊サイズの第101化学防護隊を二個に分割し、小隊サイズの第1師団化学防護小隊および第12師団化学防護小隊と合わせ四個単位を作り、四個の普通科の除染隊と組み合わせた。さらに各除染隊には化学学校から派遣されてきた幹部をそれぞれ一名ずつ、アドバイザーとして同行させることとした。

化学科部隊合流後の各除染隊の編成は、次のとおり。

①「日比谷隊」：連隊隊員三三名、化学学校幕僚一名、101化学防護隊の一部一

六名。除染車四台、大型トラック三台、小型トラック三台。普通科部隊が先行し、化学科部隊は市ヶ谷到着後現場に追及し合流（午後五時一〇分）。

②「小伝馬町隊」：連隊隊員二四名、化学学校幕僚一名、第12師団化学防護小隊七名。除染車一台、化学防護車一台、大型トラック二台、小型トラック一台。普通科部隊が先行し、化学科部隊は市ヶ谷到着後現場に追及し現場で合流（午後五時一八分）。

③「霞ケ関隊」：連隊隊員二一名、化学学校幕僚一名、第1師団化学防護小隊二二名（うち一一名は、すでに午後一時三〇分に霞ケ関に到着し、午後二時二三分に除染活動を行なっていた）。除染車二台、大型トラック六台、小型トラック四台。普通科部隊が現場到着後合流。

④「築地隊」：連隊隊員二一名、化学学校幕僚一名、101化学防護隊主力二二名。除染車二台、大型トラック六台、小型トラック四台。普通科部隊が先行し、化学科部隊は市ヶ谷到着後現場に追及し現場で合流（午後五時八分）。

ここで災害派遣計画の作成に当たり、私を補佐した3科長・岡田3佐の回想を紹介したい。

出動時の編成

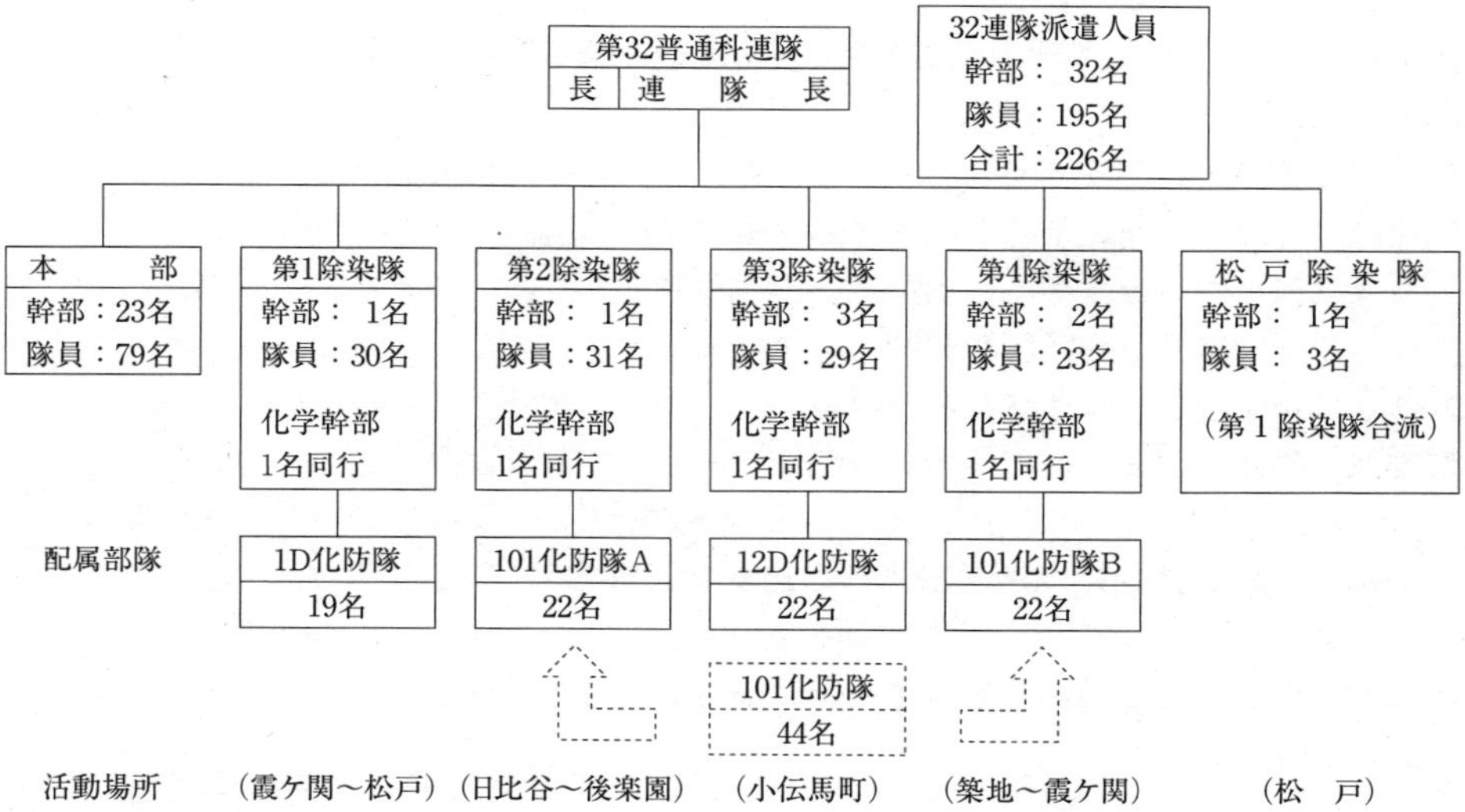
第32普通科連隊
長　連　隊　長
32連隊派遣人員
幹部：　32名
隊員：195名
合計：226名
本　部
幹部：23名
隊員：79名
第1除染隊
幹部：　1名
隊員：30名
化学幹部
1名同行
第2除染隊
幹部：　1名
隊員：31名
化学幹部
1名同行
第3除染隊
幹部：　3名
隊員：29名
化学幹部
1名同行
第4除染隊
幹部：　2名
隊員：23名
化学幹部
1名同行
松　戸　除　染　隊
幹部：　1名
隊員：　3名
（第１除染隊合流）
配属部隊
1D化防隊
19名
101化防隊A
22名
12D化防隊
22名
101化防隊B
22名
101化防隊
44名
活動場所
（霞ケ関～松戸）
（日比谷～後楽園）
（小伝馬町）
（築地～霞ケ関）
（松　戸）

◆岡田3佐の証言――

市ヶ谷の32連隊に到着すると同時に3科運用幹部の近藤2尉から「つい先ほど師団から待機命令が出ました」という報告を受けた。

この時、私の頭の中は、「戦後、日本初の治安出動が行なわれることになる」という感慨にも似た思いで一杯だった。

各中隊に「全隊員呼集」の指示を再度徹底するとともに、出動のための準備に取りかかろうとした。しかし、何をどう準備したらいいか全くわからない。とにかく、毒ガス事件だということで防護マスク、化学防護衣等の準備およびサラシ粉の調達が急務であると思った。当時の私の知識では、除染剤としては、サラシ粉しか思い浮かばなかった。当初4科長に除染剤を準備するように指示したが、そのとき具体的な薬剤名を聞かれ、つい、「サラシ粉でいいんじゃないの」と言ってしまった。

除染に関しては、親部隊に当たる第一師団司令部と調整したが、師団も連隊同様化学毒物などに関する対処情報に乏しく、私が考えた以上の準備はほとんど思いつかなかったようだ。ただ、その時点では、われわれ32連隊が出動することは間違いないという情勢になっていた。ありがたいことに、化学兵器の専門家として、化学学校から五～六名の幹部要員（学校教官など）が連隊指揮所に到着していた。

連隊長の指導を仰ぎつつ、連隊の「行治命（行動命令・治安出動）」の作成に取りかかった。「早期に部隊を現場に出動させよ」という連隊長の指示に従い、連隊の非常呼集に応じ出勤してきた者が二〇名（3½トントラック一台の乗車可能人員）に達したら、連隊の幹部（普通科）に指揮させ、化学科職種の幹部を一名同行させて第一陣を出動させられるように命令を作成・準備した。

「行治命」の大半は、連隊長の指導を受けつつ清水1尉（事件から三日後には、防衛大学校教官に転属命令が出ていた）が起案したと記憶している。ただし、「行治命」の「方針」の部分だけは、「日本初の『行治命』という画期的な仕事になる」との意識があり、私自ら起案した覚えがある。

結果的には、陸上幕僚監部が地下鉄サリン事件への対処を「行災命（行動命令・災害派遣）」と位置づけたため、われわれが起案した「行治命」が日の目を見ることはなかった。

地下鉄サリン除染への出動準備

都内地図の購入

自衛隊の専用地図は、いわば軍用地図で、軍事作戦に便利なように作られている。陸上自衛隊は自前で「中央地理隊」と呼ばれる地図作成専門の部隊まで持っている。もちろん、中央地理隊は国土地理院と緊密に連携はしている。

自衛隊が都内に出動するにあたっては地図が必要だ。普通の災害派遣には、中央地理隊で作成した自衛隊専用の地図で間に合うが、この度の災害派遣は、都内地下鉄のサリン除染という特殊なオペレーションなので、自衛隊専用地図だけでは不十分だった。自衛隊専用地図には地下鉄の出入口、一方通行などの道路交通情報などは表記されていなかった。そこで冨樫1尉は、駐屯地内の売店（隊員は「PX」と呼んでいる）で市販の地図を購入し、四個の除染隊に渡せるように準備した。

32連隊の隊員・ドライバーは、都内の土地勘があり、地図がなくとも一応行動できるが、やはり自衛隊の行動においては、地図は必要不可欠であった。

戦闘用防護衣の装着訓練

隊員は、ガスマスクの装着訓練は十分に訓練されていた。毒ガスの危険から身を守るために、ガスマスクの装着は極めて機敏に行なわなければならない。「ガス！」という「警報」を聞いた後、目をつぶり、息を止め、ケースのホックを開いてガスマスクを取り出し、顔面・頭部に装着し、空気の出入り口（呼吸口）を手のひらで塞いで息を吐き出してガスマスク内の空気（汚染されている可能性あり）を顔面・頭部とマスクの隙間から排出し、気密を点検するまでの一連の動作をわずか「八秒以内」に実施しなければならないと教範に定められている。

その際、ガスマスクは、顔の皮膚とゴムの被覆部分がぴったりとくっついて、気密性が保たれなければならない。無精鬚があれば、隙間ができて、汚染されたガスなどが入り込んでくる恐れがある。32連隊の隊員たちは、機敏にこの一連の動作ができる練度にあった。

一方、戦闘用防護衣の装着訓練はほとんどやっていなかった。このために、サリン除染に派遣予定の隊員たちは、連隊の施設作業小隊（土木工事や地雷の敷設・除去などの作業の他、化学防護に関する専門的な業務も実施）の長松浩二1曹などの指導で各中隊ごと戦闘用防護衣の装着訓練を中隊教場（教室のような部屋）で実施した。和服を着るには「着付け」を習わなければならない。同様に戦闘用防護衣も「毒ガス・化学剤からの安全確保」のためには、装着法に習熟することが重要である。戦闘用防護衣の装着が不十分な場合には、神経剤などが体の皮膚に触れ、ダメージを被る。ちなみに、戦闘用防護衣は表面から順に①撥水層（神経剤などをはじいて沁み込ませない）、②活性炭（神経剤などを吸着する）、③吸収層（人体から発する汗などを吸収）の三層から作られている。

除染剤の調達（入手）・調合作業

4科長の内田1尉は、師団司令部の第4部（連隊4科のカウンターパートで、武器装備・資材の調達、整備などを担当）に除染剤を要求して、まず師団司令部が保有していた一斗缶入りのサラシ粉を入手した。

その後、オウムが散布した毒物がサリンであると判明した後は、サラシ粉よりも苛性ソーダの方が有効であるとの化学学校教官からの助言に従い、苛性ソーダの調達に切り替えた。苛性ソーダは十条駐屯地に所在する武器補給処十条支処が民間業者から緊急調達した。苛性ソーダの一部は第1師団飛行隊のヘリコプターで市ヶ谷駐屯地に緊急空輸してもらったほか、業者が車で直接届けてくれた。

第32普通科連隊隊舎正面玄関前に運ばれてきた戦闘用防護衣。この後、除染隊員に配られる。手前の隊員が肩にかけている収納袋には防護マスクが入っている

連隊隊舎玄関ホールに集められた携帯除染器2型を点検中の隊員。風水害後の防疫消毒に使用されたことはあったが、実戦で化学剤の除染に使われるのは初めて

各除染隊はサラシ粉と苛性ソーダのいずれをも携行したが、現地では主として苛性ソーダを使用したと聞いた。先にも書いたが、一部の除染隊には市ヶ谷駐屯地を出発するまでに苛性ソーダの補給が間に合わず、出動後現場に追送した。

内田1尉は、隊員たちに命じ、除染隊の出動までに、苛性ソーダを水で溶解して一部の携帯除染器（除染剤の入った容器を背中に負い、圧力をかけて噴霧器のついたノズルで散布する装置）に充填させた。化学学校から派遣された教官たちがこの作業の細部の要領を指導した。溶液の濃度は五パーセントだった。

隊員たちは、バケツに水を入れ、これに適量（五パーセント相当）の苛性ソーダを入れて棒で攪拌した。棒はモップの柄を代用した。隊員たちは奔走し、連隊だけではなく駐屯地所在の各部隊からバケツやモップを借りてきて、この溶液作りの作業を急いだ。苛性ソーダは強アルカリ性で皮膚につけると爛れるので、慎重な作業を要した。

第六章　出　陣

出陣式の訓示

私は除染隊の編成を指示した後、午後二時四〇分頃から「編成完結式」を行なった。「編成完結式」とは、戦闘や演習などに出動する際に、指揮官以下の部隊組織を完成し、物心両面でただちに行動できる態勢（武器や車両などの装備品もすぐに使用できる状態に整備し、各種弾薬も携行）を整えることである。装備を携行した全部隊がグランドなどに整列して「〇〇隊出動準備完了！」などと中隊長などの指揮官が連隊長等の上級指揮官に報告する儀式で、いわば「出陣式」であった。

私は、営庭に整列した各除染隊指揮官から編成を完了した旨の報告を受け、これら四個隊を前に「出陣式」の訓示をした。もちろんこの出陣式に臨んだのは、連隊の普通科隊員と化学学校の教官だけであった。私は、隊員の士気を鼓舞するとともに、自分にも言い聞かせるように腹の底から声を絞り出し、大音声で訓示した。メモなど用意せず、ただ心の中に湧き上がって来る思いが口からほとばしり出るに任せ、隊員たちに訴えた。

「いよいよ32連隊が、国民のお役に立つ時が来た。ご承知の通り、都内の地下鉄駅構内において、毒ガス『サリン』によると見られる事件が発生した。われわれの任務としては、その除染に向かう」

と切り出した後、それぞれ四個の除染隊の任務（担当する駅名）を示すとともに、各除染隊に同行する化学学校からの派遣幹部（アドバイザー）を隊列の前に並べ「築地隊には中村3佐、霞ケ関隊には高橋3佐」などと、一人ひとりを紹介した。そして、「相手は猛毒サリンである。同行する化学学校幹部のアドバイスを良く聞いて、むやみに軽々しく地下鉄の中には入らないように」と、念を押した。

そして最後に、「それぞれの除染隊の指揮は現場の最高階級者が執れ」と締めくくった。日比谷隊には第4中隊長の鈴木1尉が、小伝馬町隊には2中隊長の鈴木3佐がいたが、1中隊主体の築地隊と3中隊主体の霞ケ関隊には出陣式までに中隊長が間に合わなかった。1中隊は小隊長の今村3尉が、3中隊も小隊長の中本3尉が最先任幹部だった。

小隊長に指揮を執らせることもできるが、中隊長に比べ経験不足であることは否めない。また、各除染隊には化学学校から派遣された3佐や1尉が同行しており、彼らを無視して3尉の小隊長に指揮を執らせるのは適当ではないと思った。

ただ、化学学校から派遣された教官をアドバイザーとして活用するのは良いが、私の指揮下に入れて、除染隊長に任命できるかどうか疑問があった。本来はこの点を出陣式までに明らかにし、「○○除染隊の指揮は△△3佐が執れ」と明言すべきであったが、あわただしい状況の中ではそれができず、「それぞれの除染隊の指揮は現場の最高階級者が執れ」と、あいまいな指示に終わってしまった。築地隊では、私の指示に従い、化学学校教官の中村3佐が自ら除染隊の指揮に当たってくれたと聞く。誠に立派な決断であったと、感謝している。

自衛隊や軍隊の指揮・運用において、「指揮権」を明確にすることは極めて重要なことである。地下鉄サリン事件において、万一、除染隊の中から犠牲者が出ていた場合には、その責任を究明する際「誰が指揮を執っていたのか。その指揮権は正当であったのか」などは、重要な事柄になったことだろう。この点から考えれば、私が除染隊の指揮権について曖昧な命令・指示をしたことは反省すべき教訓である。

後日、出陣式の様子を連隊広報班の隊員がビデオで撮影したものを見た。私は、まるで見えない敵に挑むように、檄を飛ばしているようだった。

訓示を終えた後、化学学校のアドバイザーを出動部隊とは離れたところに呼んで、訓示とは違う冷静な語り口でお願いした。

「これは演習ではないんだ、実戦なんだ。化学科部隊は戦闘支援職種として、今まであまり目立つ機会には恵まれなかったが、『百年兵を養うは……』の諺通り、初めて本格的に国民に貢献できる機会がやってきたんだ。除染現場では、専門家として細心の注意で、きめ細かに連隊の隊員を指導してほしい。（中略）隊員が命を落とすようなことだけは絶対ないように頼むぞ」と。

私は、縁あって私の部下となった連隊の隊員たちを、こよなく愛していた。何としても、支援の化学科部隊はもとより、連隊の部下隊員の中からも犠牲者を出したくなかった。

余談だが、麻生幾氏著のノンフィクション『極秘捜査――政府・警察・自衛隊の［対オウム事件ファイル］』（講談社）の中で、私が化学学校のアドバイザーに対し要請をしたくだりを読んだある旧軍出身の方が、「考え方が甘い、任務達成が先で、部下の命は後だ」と批判したと、化学学校の広報担当者から聞いた。しかし、私は自衛隊を退いた今も、「部下の命と任務達成は同等に重要である」と確信している。

出陣を見送る

訓示を終え、いよいよ除染部隊の出陣だ。ついに私は弓に矢をつがえて放ったのである。彼らはテキパキと行動し、駐屯地内に入ってきたパトカーに先導されて、次々に出動して行った。残留する隊員のうち、少し余裕のある隊員だけで出陣を見送った。

私は、現場への早期進出を企図したが、現実には、全てが私の意図通り順調にはいかなかった。私は、いったん指揮所に戻り、師団司令部に除染隊の出動を報告した。

また、新たに入手した情報などを確認し、スタッフからの報告を聞き、様々な指示を矢継ぎ早に出し、一息ついた。しばらくして再び営庭に出てみると、驚いたことにまだ化学防護服を受領している一部の除染隊が残っているではないか。

「一刻も早く現場に行けと言ったではないか。何をグズグズしているんだ」と、一喝した。

某除染隊長曰く、「戦闘用防護衣など重要な装備品の授受に誤りがあると、後で大

連隊隊舎前のグラウンドで行なわれた除染隊の編成完結式。隊員達は防護マスクの収納袋を肩にかけて各隊指揮官を先頭に整列し、台上の著者に敬礼

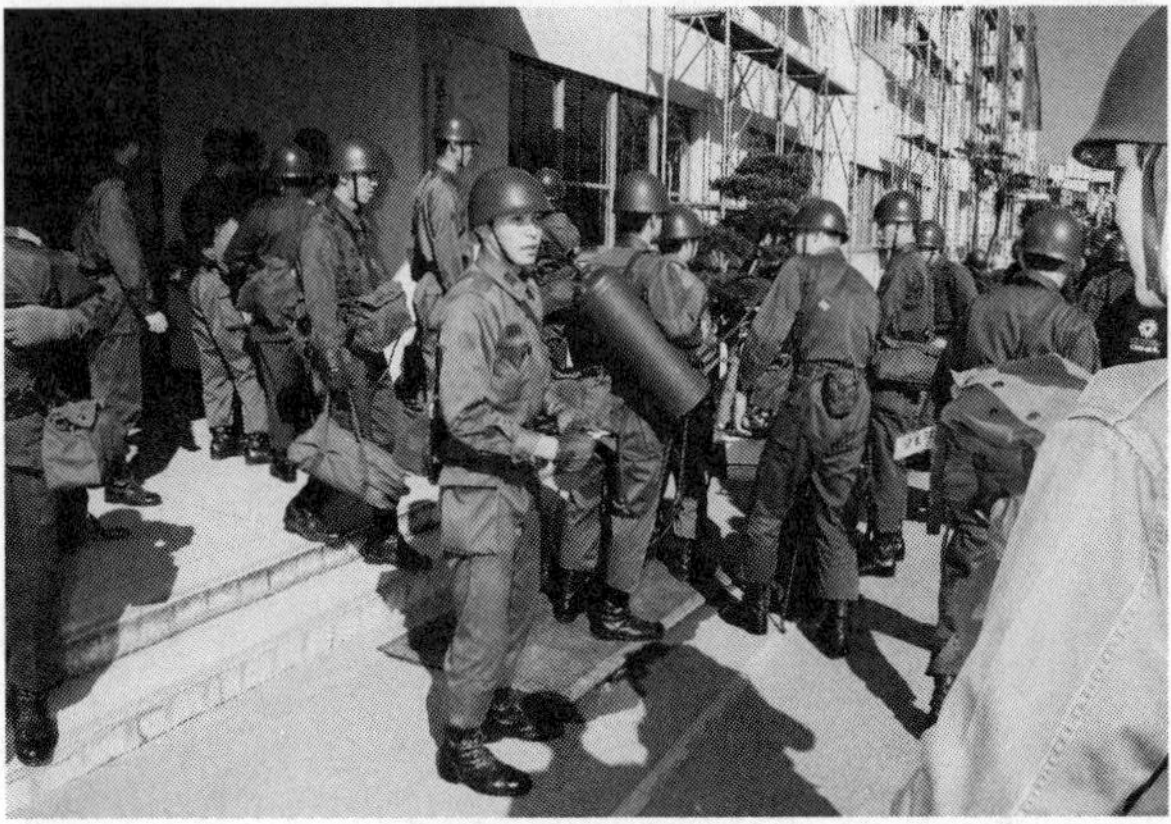

連隊隊舎玄関前で、携帯除染器や戦闘用防護衣などの除染器材を受領する隊員たち。しかし、出陣の時点ではまだ除染隊全隊には器材が行き渡っていなかった

出陣式の訓示を終えた後、各除染隊の指揮を執る連隊幹部と、同行する化学学校のアドバイザーたちをグラウンドの端に集めて指示を出す著者（中央手前向き）

市ヶ谷駐屯地正門から、ぞくぞくと除染現場に向かう第32普通科連隊の大型トラック。前部バンパーには「災害派遣」のプレートが掲げられているのがわかる

変なことになりますので、確実を期して数量を確認しております」。

私はこれを聞いてつい我を忘れ、「バカヤロウ。後で数が合わない場合には俺が責任を取る。今すぐ出発せよ」と、叱咤した。

陸上自衛隊では日ごろ装備品の員数（数量）点検が喧しいので、ついついこんなことになるのだとその時は思った。

しかし、後述の霞ケ関隊・中本3尉の証言（157ページ）にあるように、「出陣」の時点では、マスクや防護衣がまだ全隊に行き渡っていなかったのである。この除染隊長も、装備をようやく交付された時に私が通りかかって、出動が遅れていると誤解したのだった。連隊長としては、装備の交付が遅れたことを、むしろ除染隊長に詫びるべきところだったのだ。

私は部隊を送り出し、指揮所に戻った。指揮所は相変わらずの慌ただしさであったが、連隊長の私だけでなく作戦室で働く隊員たち誰もが、出動部隊がテレビに登場するのを「今や遅し」と待っていた。

現場に迷彩服姿の隊員が到着すると、テレビは「待ってました」とばかりにこれを映した。その瞬間、指揮所でも一瞬隊員たちのどよめきが起こった。

化学科部隊到着前に32連隊隊員で編成された除染隊と化学学校から派遣されたアド

バイザーのペアのみを先行させた策は、予期のとおりの良い効果をもたらした。

第一に、テレビによる実況中継（除染隊の現場進出）の雰囲気から見て、私が予期したとおり、「都民・国民が自衛隊の現場到着で安堵したのだ」と確信した。

第二に、それぞれの現場で、これらの先行部隊が現場を偵察し、サリンの撒布場所を特定し、除染のための計画（段取り）を確立し、苛性ソーダを水に入れて攪拌し、溶液を作り、準備万端整えていたので、化学科部隊到着後、ただちに除染作業に取りかかることができた。

この緊迫した〝出陣〟の場面で、ユーモラスな出来事もあったようだ。

◆近藤2尉の証言──「化学特捜犬、シロ」

サリン事件で有名になったカナリアは、確かに〝敏感な鳥〟として知られていて、われわれ連隊のスタッフも「部隊が出動する」となったことで、この鳥に思いを致したのだが、〝その日〟はそれどころではなかった。

代わりに思いついたのが、「シロ」という秋田犬風の犬だった。「シロ」は隊員が富士の演習場から拾ってきた「捨て犬」で、部隊のマスコットとして可愛がっていた。「犬の嗅覚は優れている。カナリアほど敏感でないにしても役には立つだろう」と思い、私はシロには悪いが「部隊のために一緒に行ってくれ！」と〝頼んだ〟。

そして「化学特捜犬・シロ」との名札を首輪に巻き付け、連隊長には無断でこの犬に、下士官に当たる「3曹」の階級章を付け、派遣部隊の「編成完結式」に整列させようとしたところ……。

「ふざけるな。礼式はしっかりとやれ」と連隊長から〝ご指導〟を頂き、シロはあえなく退場させられてしまった。

私としては「部隊の安全ために……」と真剣に考えたつもりだったが、未知の化学テロ現場への突入を控えた部隊の隊員を前に、「化学特捜犬・シロ」は、若干場違いだったかと反省しきりであった。

近藤2尉の証言には、「私が指導した」とあるが、実はこのエピソード、全く記憶にないのである。ゆったり構えて見せていたつもりだったが、やはり私自身も極度に緊張していたのかもしれない。

陸幕運用課長との情報交換

私の留守中に、陸上幕僚監部から3科運用幹部の近藤2尉に電話をかけ、「連隊長はおるか？」と高圧的に訊ねた人物、それは当時防衛部運用課長だった松川正昭陸将補であった。

松川課長は防大で私の一期先輩（13期）だった。松川将補は学生時代から13期生の中で人格・能力とも最優秀と言われた先輩だった。私は、松川将補と防大時代同じ編成の「5大隊」に所属し、同じ学生寮の中で日常的によく接触する機会があり、率直にものが言える間柄だった。

除染部隊を地下鉄の現場に送り出した後、作戦室に戻るとその松川将補から直接、私に電話があった。

松川課長は、

「福山、32連隊は今どうなっているんだ？」

と、率直に聞いてきた。

私は、部隊を除染現場に派遣し終わったことなど、現状を簡潔に伝えた。また、私の方からも質問して、師団命令などでは分からない事件の全体像や今後の展開予測などについて教えてもらえた。私は、松川先輩のお陰で、情報不足で「五里霧中」の状態から、ようやく少し視野を開くことができた。

松川課長とはその後もしばしば電話で直接やり取りをした。私にとっては、極めてありがたかったが、「指揮系統を軽んじた」のではないかという自責の念は、心の隅に常にあった。

軍隊・自衛隊では指揮系統が重んじられる。指揮系統とは英語で「チェイン・オブ・コマンド（指揮の鎖）」と呼ばれる。指揮系統とは、一般の会社を例にとれば、部長は課長を指揮し、課長は係長を指揮する——という例が分かりやすいだろう。この「指揮の順序を飛ばしてはいけない」という原則が「指揮系統」と呼ばれる。部長が課長の頭越しに係長を指揮してはいけない、という組織運営の原則である。

連隊長はあくまでも直属の上官である師団長から指揮を受けなければならない。指揮系統を無視すれば、戦場で大混乱に陥るという戦史の教訓に由来するものだ。

32連隊長の私は、直属の第1師団長から指揮を受ける立場にある。第1師団長を指揮する立場の東部方面総監が直接32連隊長を指揮してはならない。ましてや、東部方面総監を指揮・統制下に置く防衛庁長官（陸上幕僚長が補佐）が32連隊長を指揮するなどもってのほかだ。すなわち、陸上幕僚長のスタッフに当たる、陸幕防衛部運用課長が32連隊長を指導・統制するなどあり得ないことだった。

松川運用課長は、もちろん私を「指揮」したわけではない。松川将補は、現場の状況を直接、正しく把握したかったので、電話で連隊長の私と直接やり取りしたのであろう。突発的・未曽有の事件で混乱をきわめ、情報が錯綜する中、サリン除染作戦任務の中核となる32連隊の状況を松川運用課長が直接知りたいと思ったのは至極当然のことだったと思う。

もっと大胆に言えば、事件が拡大発展せず、第1師団や東部方面隊規模の部隊を使わないという保証があれば、防衛庁長官（陸上幕僚監部を通じ）が32連隊を直轄部隊として直接指揮・統制する方法が最も効率的・簡便であったに違いない。

もっとも、陸上幕僚長は防衛庁長官のスタッフ機構であり、直接部隊を指揮することはできないが、32連隊長としての私の立場から言っても、一刻を争う事態に、防衛庁長官（陸上幕僚監部）→東部方面総監部→第1師団→32連隊と梯次に下りてくる命令や指導を受けるよりは、陸上幕僚監部から直通で指揮・統制を受ける方が簡単だと思われた。

将来、総理・防衛大臣が局地的・限定的な事態などに対処する際、どのような指揮系統を選択するか検討する際の「戦史」として、松川運用課長と私の関係を研究して頂きたいものである。

余談だが、私は、後に松川先輩が西部方面総監に着任する際、同時に九州補給処長に補任された。電話で挨拶をすると、「福山、いっしょに九州防衛に努めような。よろしく頼むよ」と言われた。松川総監は、部外者との会合の席上でたびたび「福山将補は地下鉄サリン事件で指揮をした人物」と紹介頂いた。その言葉には、温かいものがあり、いつも恐縮しながらも、松川先輩の思いやりに感謝したものである。

第七章　除染現場の闘い

私は、市ヶ谷の指揮所で指揮を執り、除染現場に進出する機会はなかった。したがって、部下隊員たちが命懸けで地下鉄構内においてサリンを除染する現場などを実際に見たわけではない。以下の話は、各除染隊の指揮官などから聞いた体験談やエピソードである。

築地駅

化学学校（大宮駐屯地）の教官だった中村勝美3佐は、地下鉄サリン事件発生に伴い、いわばアドバイザーとして、32連隊に派遣された。32連隊に配属（私の指揮下に入ること）されたわけではなかったのである。ところが、私が出陣式において「それぞれの除染隊の指揮は現場の最高階級者が執れ」と命令したものだから、中村3佐は命令どおり「築地隊」の除染隊長を引き受けた。

同隊は、32連隊の1中隊で構成されたが、中隊長が出動に間に合わず、最先任の幹部は経験が浅い小隊長の今村3尉であった。このため、特に化学兵器対処に精通している中村3佐が直接同隊の指揮を執ってくれたことは、任務達成に大きな成果をもたらしてくれる結果となった。

中村3佐は防衛大学校で応用化学を専攻し、後に陸上自衛隊の化学科職種の幹部になった人物で、化学兵器についての権威である（本著上梓の時点では、2佐に昇任し、化学学校研究部教育訓練研究科長として活躍していた）。

その人となりを防衛大学校同期の瀧野隆浩氏（当時、毎日新聞前橋支局長）の著書『自衛隊指揮官』（講談社）から引用しよう。

「正直に言って、私が二〇年前顔を突きあわせていた中村は、その数学的才能は横においてしまえば、周囲をほんわか安心させるキャラクターの持ち主だった。話し方はゆっくりだったし、怒った顔など見たこともない。細かいことにはこだわらない、というか、小事は気にならない、大らかなやつだった」

以下は、その中村3佐の体験談である。

◆中村3佐の証言――

機動隊員へのサリン教育

平成七年三月二〇日。この日は、私にとっても化学科職種にとっても生涯忘れることのできない日です。化学科職種は非常に小さな組織で、しかも扱う対象は核・化学・生物兵器（NBC兵器）に対する防護ということで、当時防衛庁から積極的にはPRしたくない組織・機能の一つであったことは間違いありません。

また、「NBC兵器が使用されるのか？　機能としては理解できるが、組織としては不要ではないのか」との「化学科職種不要論」があったことも事実です。

地下鉄サリン事件発生以降、JCO臨界事故、北朝鮮テポドン事案等を経て、NBC兵器に対する防護の必要性が大きく叫ばれ、現在では化学科部隊の拡充がなされている状況です。したがって、地下鉄サリン事件は、化学科職種にとっては正に「神風」でありました。

平成六年六月、長野県松本市で「松本サリン事件」が発生しました。この際、陸上自衛隊の化学科職種の隊員が容疑者ではないかという噂も持ち上がりました。

その後、捜査が進み、オウムに対する疑惑を深めた警察は、強制捜査を念頭に、機動隊の隊員に対して化学兵器への対処要領などの教育を陸上自衛隊に依頼してきました。これを受けて、化学学校は、地下鉄サリン事件前日の三月一九日（日曜日）、機動隊員に対し朝霞駐屯地で教育を実施しました。教育内容について上司から「神経剤に焦点を当てて教育してくれ。特に、サリンを中心に、な」と指示されたのが特に印象に残っています。当時化学学校の教官であった私も、この教育を担当しました。教育の際、機動隊員の真剣な受講態度に驚きました。私の話の一言一句を聞き逃すまいと必死でした。彼らがなぜこんなにも真剣なのか、その時は分かりませんでした。

アセトニトリルって何？

警察の機動隊教育に当たった同僚幹部のほとんどは、日曜出勤の代日休養で翌二〇日（月曜日）は休みましたが、私は「運悪く」というべきか「運良く」というべきか、出勤しておりました。事件発生当日の朝八時一〇分ころ、某部隊の知り合いから電話がありました。

「中村、アセトニトリルって知ってるか？」

「知ってますよ」

「危ないんか？」

「危なくないですよ、あれはただの有機溶媒だから」

それだけでは終わらず、追加質問の電話が再びかかってきた。

「人が死ぬこともあるんか？」

「人が死ぬことはないですよ」

全国の自衛官の知り合いから同様の電話が相次ぎました。どうしてこんな質問が来るのか、不可思議な状況でした。

そうしているうちに、今度はお膝元の化学学校長の副官が、わざわざ私のところにやって来ました。

「中村さん、アセトニトリルって何ですか？」

「さっきから、アセトニトリルって何だって、全国から問い合わせが来るんだけど、何でそんなことを聞くの？」

と、問い返すと。

「あれ、中村さん見てないんですか。ちょっとテレビをつけて見てくださいよ」

すぐにテレビをつけると、私の目に飛び込んできたのは阿鼻叫喚の世界でした。

キャスターは繰り返し「駅構内からアセトニトリルという物質が検出されたようです！」との声。これで、全国から質問が相次いだワケが分かりました。テレビが伝える被災者の症状を聞いて、「これはアセトニトリルではない。神経剤だ！」と直感しました。われわれ化学科職種の隊員にとっては、すぐに分かる常識的なことでした。テレビが映し出す衝撃的な場面に釘付けになっていました。

ニュースを見た時の私の感覚を一言で言えば、「他人事」でした。「警察も、消防も大変だな……。二次被害に遭わなければいいよね」という感覚でした。この時点では、まさか自分がこの現場に行くことになるなど、予想もしていませんでした。

幕僚団市ヶ谷へ

八時三〇分頃、化学学校ではただちに「非常呼集」がかかり、召集態勢に入りました。が、平成七年当時は、ポケベル全盛期で携帯電話なんてほとんど持っておらず、連絡を取るのに苦労したものです。自宅に電話しても「ただいま留守にしております……」というテープの留守電回答。「非常呼集」の担当者たちが大変だったのを思い出します。

午前一〇時頃、当時副校長であった石井1佐の指示で、化学学校職員・教官により幕僚団（アドバイザー）六名が編成され、一〇時三〇分頃大宮駐屯地を出発し市ヶ谷駐屯地に向かいました。私もその一員に加えられました。メンバーは次のとおりだったと記憶しています。

教育部・技術教育科長　押川孝雄2佐
研究部・装備研究科長　井口昌之2佐
研究部・運用研究員　清水俊博3佐
研究部・運用研究員　一ノ瀬浩一3佐
教育部・技術教官　中村勝美3佐
教育部・教務係長　高橋利美1尉

市ヶ谷に向かうに当たっては、しばらく滞在することを前提に準備せよ、とのことでしたので、日頃の演習・訓練準備の感覚で日用品などを準備したのを覚えています。

前進中のマイクロバスの中では幕僚団の間で、地下鉄構内で被害をもたらした原因物質の話をしておりました。皆の意見は「神経剤だろう」ということで一致しており、「市ヶ谷に到着したらすぐに苛性ソーダの緊急調達を意見具申しよう」とか、「除染剤の濃度をどの程度にするか」等の意見や認識の統一を図っていました。

移動中、一一時頃だったと思いますが、ラジオから「原因物質はサリンと推定される」との警察発表が流れてきました。

正直、「やっぱりね」というだけの印象で、この時点では気持の変化などはほとんどありませんでした。

市ヶ谷駐屯地の第32普通科連隊のグラウンドに到着したときの連隊の状況は、正に「蜂の巣を突ついたような」という表現がピッタリだったと思います。化学防護衣、戦闘用防護衣、防護マスク、携帯除染器等が山積みされ、各隊員が準備に追われていたことを思い出します。

この時点でも、まだ現場に出動することになろうとは思い付かず、連隊指揮所で技術的な援助・助言を行なうものだとばかり思っていました。

現場に入れる！

一二時五〇分頃、都知事からの災害派遣要請を受け、連隊長は速やかに除染部隊を現場に出動させることを決心し、グラウンドで出陣式を行ない、訓示をされました。その際、連隊長は、隷下の四個除染部隊にそれぞれ一人ずつ化学学校の幕僚団をアドバイザーとして充てられました。当然、私もその中に入っていました。

当初は、被災現場で除染作業の専門的なアドバイスを行なうものとばかり思っていました。その意識を完全に壊したのが「被災現場では最高階級の者が現場の指揮を執れ」という福山連隊長の命令（指示？）でした。その瞬間、「えっ、最高階級？　俺のことか？」と、戸惑いを覚えました。私がアドバイザーとして付いた築地小隊は、今村3尉という初々しい小隊長だったことを覚えています。

連隊長の言葉を文字どおり受け取れば、自分が指揮を執らざるを得ない。「被災現場で自分が指揮を執っていいの？　……あれっ、除染現場に入れるの？……ということは……ラッキー！　サリンを撒いた現場が見られるぞ！」などと、いま考えれば不謹慎極まりない感情が瞬間的に湧き上がってきました。

実は、化学学校においては化学兵器防護研究のため、ごく少量ではあるが自ら化学剤を合成し、研究に使用してきた経緯があります。その環境は化学実験室内で、ごく少量のものを完全に安全管理された実験装置の中で行なうものでありました。そのため、今回の地下鉄サリン事件のように、大量のサリンを撒き散らす事態——実戦状況——を見る機会があるとは夢にも思いませんでした。「除染隊の先頭に立って、現場を見ることができる!」——このことに非常に興奮したのは間違いない事実です。

パートナーを組む化学防護隊の市ヶ谷到着が遅れているため、私と32連隊の隊員だけの除染隊が、市ヶ谷駐屯地から築地駅に向けて前進することになりました。移動には非常な苦労がありました。

まず、警察のパトカー誘導に対して自衛隊が慣れていないということでした。その典型的な例が、赤信号の通過です。隊員は、赤信号で停止することを交通法規上徹底・習慣化されています。警察は、緊急車両として赤信号でも道路規制して交差点を通過するのですが、自衛隊員の車は赤信号で停止してしまいました。

また、パトカーで誘導しているにもかかわらず、民間車両が自衛隊の車列に割り込んでくる有り様でした。大いに迷惑です。割り込んできた民間車両が赤信号で止まると、自衛隊の後続の車両と先行車両は離隔するばかりで、挙句の果ては、後続車両が道に迷い、行方不明になることもありました。

こうならないためには、日頃から警察と緊急車両の運行要領について取り決め

内堀通りを地下鉄日比谷線築地駅に向かう除染隊の車列。三宅坂の交差点付近を走行中で、正面に警視庁の庁舎が見える。道路わきで白バイ警官が誘導している

地下鉄築地駅出入口（築地本願寺前）の前で東京消防庁隊員に対しM8検知紙について説明する化学学校の中村3佐。消防隊員が真剣な眼差しで見つめている

を行ない、定期的に実地の共同訓練が必要だと思います。

無人の構内で

午後三時頃、築地駅に到着しました。築地駅は警察によって道路規制が完全になされており、スムーズに現場に到着し、その後の準備に取りかかることができました。

現場で警察、消防、駅職員の方々から駅構内の現状を聞き、今後の除染要領等について調整を行ないましたが、構内のどこがどの程度汚染されているのか様子が全くわかりませんでした。このため、自分一人で現場の偵察に行くことを決心し、化学防護衣に着替え地下鉄構内に降りて行きました。私が偵察している間、今村3尉に対し、32連隊の隊員に戦闘用防護衣の装着や除染剤の調製（五パーセントの苛性ソーダ溶液の作製）等の除染準備を指示しておきました。

無人の地下鉄構内があれほど不気味だとは思いませんでした。築地駅構内のホームには吐血した跡や、靴や紙袋等、地上に逃げた乗客の持ち物などが残っていました。日頃は人が溢れ喧騒な地下鉄構内に人っ子一人おらず、シーンと静まり返っていました。あの時のシーンは今考えても「不気味」の一言です。ただ、幸運なことに電車内、駅ホームにもサリンの残留を示す液体の存在はなく、除染所要は大きくないことが分かりました。

　地下構内偵察から戻り、警察、消防等との再調整も終了し、除染準備も完了しました。後は除染を行なうのみとなったのですが、まだ化学科部隊が到着しませんでした。32連隊の隊員たちも立派に防護装備を装着している。除染作業をやらせればできないわけでもないだろう。でも……化学科部隊で当たり前に使用している専門用語が防護マスク越しに通用するだろうか？　同じ陸上自衛隊とはいっても、職種（普通科、化学科、戦車など）によって職種特有の専門用語があり、言葉の壁が存在します。私が常識だと思って使用する言葉が通じない可能性も否定できない。化学防護隊ならばその点はクリアできる。

　そう考えている時に、出陣式における連隊長の言葉がふと頭の中によみがえりました。それは、「隊員を殺さないでくれ」という言葉でした。

　結果的に、普通科（32連隊隊員）だけで除染作業を行なうことは止め、化学防護隊の到着を待つことに決心しました。化学防護隊の到着を待つ約一時間は非常に辛く、忍耐のいる時間であったことを思い出します。

　待ちに待った化学防護隊が到着しました。化学防護隊は、すぐに私の指揮下に入り、32連隊の隊員たちが作った苛性ソーダ溶液を充填した携帯除染器を受領すると、警察とともに駅構内に入って行きました。自衛隊、警察、消防の任務分担は次のとおりです。

自衛隊：電車および駅構内の除染

警察：電車内の不審物の捜索・回収

消防：自衛隊除染後の水洗

私が、地下鉄構内に降りようとしていると、32普連の広報担当の隊員（カメラ担当とVTR担当の二名だったと記憶しています）が、「われわれも中に入って記録をとっていいですか？」と、質問をしてきました。この時、連隊長の「今回の災害派遣においては、積極的な広報に留意せよ」という指示を思い出しました。二人の広報担当の隊員は、防護マスクも戦闘用防護衣も装着していましたので「いいよ、記録をとって」と言いましたが、これが結果的に自衛隊の除染行動を記録した唯一のVTR・写真の誕生につながりました。個人的には歴史的な記録を後世に残す結果となり、嬉しいかぎりです。

安全確認で自らマスクをはずす

地下鉄築地駅1番ホーム上で、単身での事前偵察結果をもとに化学防護隊員に汚染現場の細部について指示する化学学校の中村3佐。指さしているのは除染開始点。すぐ傍らに吐血の跡が確認できる

築地駅前で携帯除染器に苛性ソーダ水溶液を充填準備する第32普通科連隊隊員

築地本願寺前の出入口から築地駅構内の汚染現場に前進する第101化学防護隊隊員。後方右に、同じく防護装備を装着して前進予定の警視庁の警察官が見える

地下鉄築地駅ホームで除染作業中の第101化学防護隊および警視庁の警察官

築地駅に停車した汚染車両を除染作業中の第101化学防護隊隊員。それぞれ携帯除染器を背負い、両手に持つノズルを交差させながら床に除染剤を散布している

除染作業を終了して築地駅地上出入口で防護マスクをはずした化学学校・中村3佐。顔は汗まみれである。中央右は第32普通科連隊・今村3尉、後方はビデオカメラで記録中の第301写真中隊隊員

築地駅出入口前において除染任務に当たった東京消防庁化学機動中隊の隊員（写真中央、オレンジ色の陽圧式化学防護服を着用）を除染する自衛隊「築地隊」の隊員

築地駅での除染は約一時間程度で終了しました。次の行動に移ろうとしていると、駅の職員から「築地駅はいつから使用可能でしょうか?」との質問がありました。確かにサリン液体の除染は終了しましたが、駅構内ですでに蒸気となったサリンがどれほど残留しているのか、その残留サリンが人体に影響を与えるのか否かを判断することは非常に難しいことです。

当時すでに空気中の化学剤を検知する機器は陸上自衛隊にはありましたが、事件発生直前に警察に貸し出してしまい、築地駅にはその器材を携行していませんでした。また、仮に検知器材を携行し検知できた場合でも、「検知の結果問題ありません」と回答して駅職員が信じてくれるでしょうか? 翌早朝にはたくさんの乗客が乗り降りするのに。

当時の米軍のマニュアルでも、現場の安全性の確認のためには、最終的には誰かがマスクをはずすことによって確認する手続きとなっていました。結局、私自身がマスクをはずすことで確認する方法を採ることにしました。もちろん、マスクをはずすにもやり方があり、縮瞳が生じるか否かを確認しながら行ないます。私は、東京消防庁の化学機動中隊の隊員の方と現場に降り、電車内で次のような方法で安全確認を行ないました。

まず、マスクの端を少し開け、すぐに閉じて一分間程度待つ。これで縮瞳が起これば暗く感じるはずだ。暗くはならないのを自分自身確認する。再びマスクの端を開け、外気を入れてすぐに閉じる。自己診断で視野が暗くならないことを確認。以下、同様のことを何度か繰り返したが、暗くはなりませんでした。

「これなら大丈夫！　はずそう」と、意を決してマスクに手をかけ、一気にはずしました。この間、もし私に異常が起きれば、化学機動中隊の隊員が地下鉄構内から地上に担ぎ出す手はずになっていました。こうして、しばらくその場に留まり異常の有無を確認しましたが、異常は自覚されませんでした。

私は、化学機動中隊の隊員と共に地上に出て、駅職員の方々に告げました。

「もう、大丈夫です。駅の使用は可能です」

この一件（経緯）を任務終了後、連隊に戻り連隊指揮所で報告しました。これを聞いた当時の幕僚団の長であった押川2佐から、会議終了後、「蛮勇を奮うな」と言われました。その時の私には、押川2佐の言葉の真意が理解できませんでした。しかし、改めて考えてみると非常に重い言葉です。

事実、押川2佐の忠告は正しかったと思います。その後の展開ですが、築地隊は築地駅から後楽園駅に移動し、後楽園駅の奥にあった車両を除染、さらに霞ケ関駅に移動し除染行動を行ない全任務を全うしました。もし、私が築地駅で安全確認のためサリンに曝露し縮瞳などの症状が出ていれば、現場から病院に後送されていたでしょう。そうすれば、次の後楽園駅以降の除染作業行動に支障をきたすことになり、すべての除染任務を遂行できなかったことになります。

除染後、安全か否かの確認は私が無理してやることではない。いや、やってはならないことだったのかもしれません。押川2佐は、そのことを指摘されたのだと思います。

日比谷駅〜後楽園駅

鈴木則雄1尉は、隊員からたたき上げた実力派の幹部で、当時第4中隊長であった。第4中隊は、当時「教育中隊」に指定され、所属人員はわずか三〇名程度であった。「教育中隊」とは、当時低充足の普通科連隊の隊員を1、2、3中隊に集めて充足率を上げ、低充足の4中隊には各種の戦技教育（射撃や銃剣道など）や新隊員教育（入隊した「新兵」の教育・訓練）を担当させる制度。このため、4中隊には、教育に当たる教官・助教官の他、銃や車両などの装備品を整備するための最小限の要員のみが配置されていた。

鈴木1尉は、若いころは射撃はもとより格闘や銃剣道の猛者で、人情味にあふれ、隊員思いの名中隊長だった。行動するに当たっては、沈着・冷静で、熟慮・断行するタイプの指揮官だった。

すでに定年退官し、悠々自適の生活である。以下は、鈴木1尉の体験談である。

◆鈴木1尉の証言――

出動命令
母の葬儀が終わり、後片付けも一段落し、実家からわが家に戻ったのは三月一九日でした。翌二〇日、疲れが溜まって少し朝寝をしてしまい、九時過ぎごろだったか、妻と遅めの朝食を摂っていました。テレビの音が気になり、目をやったら、「地下鉄でガスによる被害者が多数出ている」というニュースで騒がしくなっていました。その時点では、事件か事故かなど、詳しい情報は分かりませんでした。
テレビはどの局も「地下鉄のガス」一色で、ますますヒートアップしそうでした。何となく気になったので、忌引き休暇中ではありましたが、母の葬儀に連隊の隊員たちから弔電や香典などを頂いたお礼も兼ねて、市ヶ谷駐屯地に行ってみることにしました。

昼過ぎに部隊に着くと、「非常呼集」でもかかったのか、何か騒然としており、隊員たちの動きも慌ただしかった。とりあえず、中隊で戦闘服に着替え、連隊本部に行ってみると、ちょうど連隊長も登庁されていました。その時は、連隊長が送別コンペのゴルフから急行して戻られたことなどは知りませんでした。葬儀への弔電等のお礼を述べると、連隊長は少しもどかしげに聞いておられましたが、私の挨拶が終わるやいなや、「都から災害派遣要請があった。4中隊もただちに出動準備をしてくれ」と、やや興奮気味に指示されました。

ただちに中隊に戻り、中隊当直幹部を呼んで、非常呼集による出頭状況を確認しました。私の4中隊は教育中隊に指定されており、所属する隊員数がもともと三〇名程度と少なく、その時点で出頭した隊員数は一〇名余でした。出頭した隊員たちには地下鉄の被災現場に災害派遣で出動できるように準備を命じました。

その後、連隊隊舎前の狭いグラウンドで編成完結式（出陣式）が執り行なわれました。私は、4中隊隊員、化学学校から派遣されたアドバイザーおよび化学学校所属の第101化学防護隊の約半分からなる「除染隊・日比谷隊」を指揮することになりました。この時点では、第101化学防護隊は大宮駐屯地から市ヶ谷駐屯地に移動中であり、私の指揮下には日比谷駅の除染現場で入る予定でした。

日比谷駅にて

編成完結後、除染のための資器材を車両に積載し、駐屯地の営門付近で待機していたパトカーと合流し、その先導のもと車列を組んで地下鉄日比谷駅に向かい前進しました。パトカー先導下の移動は、思ったよりも大変でした。緊急車両としてどんどん進むパトカーに自衛隊の大型車が付いて行けず、車列はアコーディオン状態になり、私は後続車両の掌握に苦労しました。

パトカーの直後を走っていた私の車両が日比谷駅付近に到着したので、後続の大型車の駐車スペースを確保し、後続車両を誘導しました。それも終わったので、追及して来るはずの第101化学防護隊（半分）を待つこととしました。第101化学防護隊を一刻も早く掌握できるように、経路の要点に誘導員を配置しました。自衛隊専用の車載無線機で、連隊指揮所に日比谷駅到着の報告をしようとしたが、通じませんでした。周囲のビル群が電波障害になるためでした。仕方がないので、近くの交番で電話を借り、連隊指揮所に報告しました。その後、幸いにも隊員の中に携帯電話を持っている者がいたので、連隊との通信はこれに頼ることとしました。

第101化学防護隊を待つ間、地下鉄構内のサリンによる汚染状況を確認することにしました。まず、近くにいた警察官に日比谷駅の状況を聞くと「もう何もありませんよ、地下鉄も平常通り運行しています」とのことでした。しかし、念のためにという思いで、地下鉄構内の駅員に確認するために、化学学校のアドバイザーと部下の一人（連絡要員）をともない、駅構内に降りて行きました。

構内で駅員に確認すると、地上で警察官が言ったように「特に異常はない」とのことでした。日比谷駅にはサリンで汚染された車両が停車した経緯があるので、私は念には念を入れて汚染の有無を調べたいと思い、「念のため調べさせてください」と、駅員に申し出ました。駅員の許可を得たので、ホーム付近で空気（気化したサリン）の滞留しそうな場所を重点的に検知することを心に決めましたが、4中隊としては、気化したサリンを検知する手段がありませんでした。

地上に戻ると、幸いにも、すぐに第101化学防護隊が到着しました。化学防護隊の検知要員を伴い、再び地下構内に下り、彼らが携行してきた携帯式のＡＰ

2C化学剤検知器（注：本書213ページ参照）により検知したが、全く反応はありませんでした。その旨、駅員に通報した後、地上の待機位置に戻りました。地上に出て、日比谷駅構内が安全であることを連隊本部に報告すると、今度は「ただちに築地駅に前進せよ」との命令を受けました。

日比谷では、4中隊の隊員たちは、車両の中で待機させられたままで、活躍の場がなかったのは残念でした。街行く人たちは、隊員に好奇の目を向けました。隊員たちは、サリンに立ち向かう恐ろしさよりも、市民の目に対し緊張したのではないかと思います。私も日比谷駅到着時、フジテレビ・ニュースキャスターの安藤優子氏に呼び止められ、マイクを向けられた時はやや緊張しました。

後楽園駅での除染作業

各車両毎の自衛官の長を集め、築地駅に向かう経路を徹底してから前進を開始しました。退勤時間にかかり、渋滞がひどくなり、車列を維持して前進するのは大変でしたが、何とか明るいうちに築地駅に到着することができました。

指揮所にその旨報告すると、築地駅での除染任務は解除され、「後楽園駅に前進せよ」との新たな任務を受けました。後楽園には汚染車両があるようだ、との情報でした。

ただちに、後楽園駅に向かうこととし、築地駅周辺にいた数台のパトカーに誘導を依頼すると、リーダーの警察官は快く引き受けてくれました。パトカーの先導で、ただちに後楽園駅に向かいました。この際、これまでの教訓から、自衛隊車列の先頭と最後尾をパトカーでサンドイッチ状態に挟んでもらうと、比較的スムーズに移動できました。

後楽園駅に到着した後、車両を駅裏の通り沿いに駐車させ、化学学校のアドバイザーと共に、駅の事務所に行き状況を確認しました。汚染車両と思われる車両は、ホームの池袋寄りの二本の引込線の外側に停車していました。

内側に停車していた車両に乗り込み、窓越しに外側の汚染車両を調べていくうちに、中ほどの車両の床の上に、こぼれた液体を踏みつけた足跡のようなものが見つかりました。これが汚染部分の可能性があると判断し、ただちに検知を行ないました。

汚染の疑いのある場所が見つかった車両はすべてのドアが閉まったままで、液体のみならず揮発したサリンが残留している可能性がありました。そこで、駅員にドアの開け方を習い、すべてのドアを開け、滞留した空気（サリンを含む可能性）を排出しました。

われわれ除染隊が、サリン汚染の可能性がある現場に遭遇するのは初めてなので、安全には万全を期して臨みました。化学防護隊の隊員が検知したところ、やはり液体を踏みつけた足跡からサリンによる反応が確認され、除染隊総がかりで作業を開始しました。化学防護隊隊員は引き続き検知を行なうほか除染剤の散布を、４中隊隊員は除染剤（苛性ソーダの五パーセント溶液）の調合および化学防護隊が散布した除染剤をデッキブラシで擦り、消火栓から引いたホースで洗浄する作業を分担しました。

除染隊の隊員たちは、これまで除染作業がなく、車両に乗ったまま移動していたため、ぐったりと疲れているようでしたが、除染作業についての指示を下し、作業を開始すると生き返ったようにテキパキと働き始めました。

除染作業を終了し、再度検知しましたが、サリンは検出されませんでした。全隊員たちに聞こえるように、自衛隊の専門用語で「ガスなし！」と大声で数回宣言しました。すると、この意味が分からない駅員が「もう大丈夫ですか？」と不安そうに尋ねました。そこで私が、防護マスクを外し、車内を巡回して見せると、ようやく安心したようでした。ただし、駅員には、念のため当分ドアを開けたま

後楽園駅地上引込線に停車した丸ノ内線車両を除染する第101化学防護隊隊員

後楽園駅引込線で停車中の汚染された車内の状況。床面に広がる液体を踏みつけた足跡からサリンが検出された。散乱している白い紙のようなものはM8検知紙

上写真の汚染された丸ノ内線車両を除染後、水洗を実施中の第32普通科連隊および第101化学防護隊隊員

後楽園駅引込線内の地下鉄車両を除染後、水洗を実施中の第32普通科連隊隊員

後楽園駅での除染用の水源には、引込線線路わきの消火栓を使用した

後楽園駅での除染任務を終え除染に使った苛性ソーダの袋やデッキブラシなどを持って撤収する第32普通科連隊隊員。手前右の隊員は広報班の渡邉2曹

まにしておくように指示しました。

作業の終了を連隊指揮所に報告すると「帰隊せよ」という命令をもらいました。ただちに、撤収を行ない、隊員自身と装備品の異常の有無を確認して、市ヶ谷に向かいました。帰隊後は、隊舎前のグラウンドに設けられた除染シャワーを浴び、野外風呂に入浴して全身を石鹸で洗い、サリンの除毒に万全を期しました。

霞ケ関駅～松戸車庫

中本尚明3尉は第3中隊の小隊長であったが、同中隊長が出動に間に合わなかったため、「霞ケ関駅隊」の除染隊長として霞ケ関駅に出動した。同3尉は幹部任官後小隊長として三年ほど勤務しており、富士学校の幹部レンジャー課程も修了し、気力・体力とも最も充実した若手幹部の一人だった。酒も強く、隊員たちととことん付き合うタイプの小隊長で隊員の人望も厚かった。ちなみに同3尉は、私たち夫婦の媒酌で一月に結婚したばかりの新婚ほやほやであった。

同3尉は後に第二次イラク復興支援群（二〇〇四年四月二七日～九月一五日）の要職である警備幹部を務め、その後は陸幕教育訓練部で陸自衛隊精強化のための訓練指導

・管理に取り組んだ。

以下は、中本3尉の体験談である。

◆中本3尉の証言――

予想外の出動命令

三月二〇日の事件当日は、一二時三〇分ごろ、3中隊の当直幹部からかかってきた電話で目を覚ました。当直は、「地下鉄の事件に対処することを想定し、非常呼集です」と私に告げた。前夜は隊員たちと飲み、深酒をしたため昼過ぎまで眠っていた次第で、「寝耳に水」のたとえどおり、状況は全く分からないまま取りあえず官舎を飛び出し、午後二時ころに市ヶ谷の3中隊に到着しました。

私の所属する3中隊で登庁した者は約三〇名で、隊内に居住する若い隊員（3曹、士長、1士）がほとんどでした。

戦闘服に着替えながら、隊員たちから話を聞くうちに、ようやく「地下鉄にサリンらしい毒ガスが撒かれたようだ」という情報を確認しました。また、自分の上司である中隊長と運用訓練幹部は遠くまで出かけており、当面自分が中隊長の代行を務めなければならないことも分かりました。

戦闘服に着替え終わって間もなく、連隊本部から「状況について説明をするので、各中隊は営庭（グラウンド）に集合せよ」という指示がありました。すぐに中隊の隊員を集め、営庭に他の中隊と共に整列しました。そこに連隊長が登場されたので、各中隊は「頭右《かしらみぎ》」の敬礼をして、状況の説明を待ちました。

ところが、全く意外にも連隊長は各中隊に対する「出動命令」を下達されたのでした。わが3中隊に対しては、「地下鉄霞ケ関駅を除染せよ」――という内容でした。

正直に言えば、営庭に集まった目的は「状況についての説明」だと聞いていたので、つい第三者的立場で油断していたところへ全く予期に反し、連隊長自身の口から「出動命令」が下達されたのでした。私たち隊員は、連隊長の奇襲のような「出動命令」により、突然この訳の分からない事件の「当事者」になってしまったのでした。たとえて言えば、ボクシングで、対戦相手から腹筋を締めていない無防備な状態で、「鳩尾《みぞおち》」を一撃されたような気分でした。

得体の知れない恐怖が私を襲い、戦慄を覚えるとともに、「地下鉄駅に行って、一体何をして来いというのか？」という思いに捉われました。毒ガス「サリン」

の除染と言われても、われわれ普通科連隊では本格的な除染訓練はおろかイメージすらなかったのでした。おそらく、一緒に整列し連隊長からの出動命令を聞いた隊員たちも、同じ思いであったでしょう。

後日聞いたところでは、当初は指示どおり状況説明の予定であったが、一刻も早く現場に急行する必要があるという判断から、急遽、出動命令下達の場に切り替えられたとのことでした。

マスク、防護衣なしで現場へ

まずは、3中隊の出動態勢を整えなければという判断で、すでに中隊の隊員たちが準備していた水缶（一〇リットルくらいのアルミ製の水の容器）や毛布など最低限の携行資材を車両に積載するように命じ、自分は現在判明している状況を確認するために連隊本部に赴きました。

連隊本部によれば、現場における地下鉄職員や警察の状況は不明で、除染の具体的なやり方も同行する化学学校の教官（アドバイザー）から聞くように、という指示のみでした。「何もかも分からないことばかりだ」という印象でしたが、気を取り直して、「実戦とはこんなものだろう」と、開き直りました。

出発しようとする車両に戻って、積載品を確認すると、肝心の除染剤の苛性ソーダはおろか、防護マスクや戦闘用防護衣もないことが分かりました。さっそく4科に確認すると、連隊保有分の防護マスクと戦闘用防護衣は他に貸出中（後で分かったことだが、地下鉄サリン事件がらみで、警察に貸し出していた）なので、急遽、他部隊の防護マスクと戦闘用防護衣等を32連隊に向けて搬送中であるとの回答でした。

最低でも、防護マスクと戦闘用防護衣の到着を待って現場に前進しようと、しばらく車両の周辺で待っていました。すると、連隊長が来られ「資材は到着次第、連隊本部が現場（除染隊）に追送するので、まずは現場に急行しろ！」と一喝されました。「サリンに対する防護資材がないのに……」という思いをグッとこらえ、渋々、中隊に前進を命じ車両数台を連ね、霞ケ関駅に向かいました。

駅に到着すると、現場はもの凄い人だかりでした。当時、私の頭の中は、防護マスクや戦闘用防護衣がなければ何も手がつけられないという固定観念で一杯であり、連隊本部がこれらの装備を追送してくれるまで車両の中で待機することとしました。

後で反省したことですが、防護マスクなどが到着する前に、資材の集積場所、地下鉄構内への侵入口、戦闘用防護衣の装着場所などをあらかじめ偵察・確認すべきであったのですが、そこまでは思いが至りませんでした。

実は、霞ケ関駅にはわが3中隊とパートナーを組むはずの第1師団化学防護小隊（師団命令で32連隊に配属、連隊長の指揮下に入る）がすでに到着し、駅構内に進入して除染作業を開始していたのでした。したがって、無為に車中で防護マスクなどの到着を待つことなく、積極的に現場周辺を偵察しておれば第1師団化学防護小隊の地上待機組・車両などを発見し、早期に提携でき、除染作業への参加を加速できていたものと思われます。これも「戦場の実相（錯誤・錯綜）」の一種かもしれません。

車中で待機している間（三〇分程度だったろうか）のことですが、マスコミの人から「自衛隊さんは何をしているんですか？」と聞かれ、「除染の準備中です」と答えましたが、所在なげに待機しているのが何となく恥ずかしい思いでした。

地下鉄構内へ降りる

そうこうしているうちに、ようやく防護マスク、戦闘用防護衣と除染剤が到着しました。化学学校から派遣され、わが隊に同行しているアドバイザーの井口2

佐の指導を仰ぎつつ、除染剤（苛性ソーダの五パーセント溶液）を調合し、携帯除染器に詰め、除染準備を整えました。周辺は相変わらずもの凄い人だかりで、われわれが使えるスペースがありませんでした。仕方がないので、防護マスクを着用して地下鉄構内入口に侵入し、階段の踊り場で戦闘用防護衣を着用することにしました。

前述したように、実はすでに「別動隊」、すなわち第1師団化学防護小隊が地下鉄構内に入り除染作業を開始していたのですが、混乱の中で当時のわれわれはその事実を知る由もありませんでした。

このような状況下で、猛毒サリンが充満しているかもしれない未知の地下鉄構内の踊り場に向かって、一歩、また一歩、階段を降りる時の緊張感は今も忘れることはできません。私は、不安だらけのまま、除染隊長であるとの責任感だけで恐怖を振り払い、隊の先頭を歩きました。

ふと、「隊員は付いて来てくれているだろうか？」と思い、後ろを振り向くと、全員黙々と地下構内へ向かう階段を降りて来ていました。「こいつら、よく怖くないな」と、思わず感心したものでした。部下隊員たちのひたむきな歩みに私自身が励まされ、恐れや不安が消えていくのを感じました。

踊り場に到着し、戦闘用防護衣の装着を開始しました。ほとんどの隊員が装着の経験がなく、アドバイザーの井口2佐の指導を受けました。隊員たちが踊り場の静寂の中で黙々と戦闘用防護衣を着込む姿は、何とも頼もしい限りでした。

暗闇での除染作業

戦闘用防護衣に身を固め、地下構内に向けさらに降りて行きました。駅の構内は電気が消え非常灯だけがうっすらと周囲を照らしており、まるで廃墟のようでした。無人の改札口を抜けて駅のホームに入ると、すでに到着し除染作業をしていた「別動隊」（第1師団化学防護小隊）を発見しました。「なぜ別動隊がここにいるのか？　彼らは誰の指揮を受けているのか？」など、事情は全く飲み込めませんでした。彼ら、第1師団化学防護小隊が、32連隊長に配属され、わが霞ケ関除染隊の一部として私の指揮下に入り、パートナーを組むべき相手だとは知らなかったのです。いずれにせよ除染作業はほぼ完了しており、「別動隊」の隊長らしき隊員が、私にその旨を防護マスク越しに伝えてくれました。

「別動隊」はホーム内に分散し、検知紙（化学剤の存在・種類を検知するもの）でサリンが残留していないかどうかを確認中でした。わが除染隊もこれに合流し、手分けして検知作業の支援を始めました。「別動隊」が除染を終えたものの、除染剤が水溜りのように残っている場所のうち数ヵ所で、サリンの残存を示す反応（検知紙の変色）が認められました。われわれ除染隊は、これらサリンの残留箇所に再度除染剤を散布しました。

再度の除染作業により、その後、ホームのどこで検知をしても、検知紙の反応は認められなくなりました。アドバイザーの井口2佐は、防護マスクを顔から外し「もう大丈夫だね」と、私に告げました。本来であれば、地下鉄構内の安全性について身をもって確認するのは、除染隊長である私の役目であるはずでしたが、井口2佐の専門家としての心遣いに素直に感謝しました。

除染隊に撤収を命じ、地下鉄構内進入とは逆の手順で、まず踊り場まで昇り、そこで戦闘用防護衣を脱ぎ、車両に資材を積載するよう指示しました。その後、私は地上に出て公衆電話を探しました。

連隊本部に電話をし、「霞ケ関に別動隊が先着していたが、あの部隊は誰の指揮を受けているんですか。わが除染隊との関係はどうなっているのですか？」などと、やや興奮気味に悪態を滲ませながら、霞ケ関駅の除染任務が無事終了したことを報告しました。

パトカーの先導で松戸車庫へ

連隊本部から次なる任務が示されました。「引き続き、第1師団化学防護小隊と共に松戸市にある地下鉄の車庫に前進し、そこにある汚染車両を除染せよ。同車両は一度除染作業を施しているが、念のため再度実施して除染を完全ならしめよ」とのことでした。

連隊本部によれば、松戸の車庫まではパトカーが先導してくれるとのことでした。そこで、現場にいる警察官にこの旨告げると、間もなく二台のパトカーがやってきました。わが除染隊（第1師団化学防護小隊を含む）の車両一〇両をパトカーが先頭と最後尾から「サンドイッチ状態」に挟んで、サイレンを鳴らしながら誘導・前進するという簡単な調整だけで前進を開始しました。

パトカーは、緊急事態下で、赤信号でもそのまま進み、渋滞している場合は対向車線を突進するわけです。パトカー近くの自衛隊車両は問題ありませんが、中央付近（五～六両目あたり）ではパトカーのサイレンが民間車両には聞こえず、随分危険な運転を強いられた、とドライバーたちが後に述懐していました。除染隊・自衛隊の車両一〇両のうちの一両でも赤色灯が付いていれば、もっと迅速・

安全な移動が可能になっていたことでしょう。

任務終了

太陽が沈み、薄暗くなり始めたころ、ようやく松戸の車庫に到着しました。除染する車両はすでに一応の除染が行なわれているうえ、窓を全開したまま松戸まで移動してきたので、霞ケ関駅構内に侵入した時に比べれば、不安はほとんどありませんでした。

松戸の現場にはマスコミなど民間の方々はおりませんでした。地下鉄職員の方々は除染のためお湯を準備してくれたり、われわれを労ってくれるなど気を遣ってくれました。

除染とはいっても、ただお湯を撒きながら、デッキブラシで擦り、洗い流す単純な作業で、普段やるトイレ掃除と似たようなものでした。数時間の作業の後、午前零時少し前に、ようやくすべての車両の除染を完了しました。連隊本部に報告すると、「御苦労さま。任務終了。ただちに帰隊せよ」とのことで、全員帰路につきました。

帰り道、任務から解放されわれわれに返ったせいか、猛烈な空腹感を覚えました。

そういえば、二日酔いの挙句、今日一日何も口にしていないことを思い出しました。

市ヶ谷に到着し、盛大な出迎えを受けました。夜食をほおばりながら若い隊員たちに「お前ら、霞ケ関の地下鉄構内に入る時には怖くなかったのか?」と現場では聞けなかった質問をぶつけてみました。

皆口々に、「怖かったに決まっているじゃないですか! でもこういう時のために普段からみんな訓練しているんだから、やるしかないなって感じですよ」と、笑顔で語ってくれたのが印象的でした。

築地駅〜後楽園駅撮影記録

渡邉容平2曹は、広報班の江口一彦2曹とともに除染隊「築地隊」に同行し、歴史的記録ともいうべき除染現場の写真・ビデオの撮影を実施した。報道関係者が地下鉄構内の現場に入れないというニュースを聞いた3科長の岡田3佐が、私の許可を取りつけて二人を派遣したのである。

渡邉2曹はその後曹長に昇任し、大宮移転後も32連隊の広報班先任陸曹として活躍した（その後、大宮駐屯地広報班勤務）。以下が、渡邉2曹の体験談である。

◆渡邉2曹の証言――

カメラを持って築地隊に同行

サリン事件当日、連隊は統一代休日でしたが、広報班は例外で、全員平常勤務として出勤していました。32連隊は、阪神・淡路大震災の復旧の現場に二〜三個の炊事チーム（炊事車を中心に一〇名前後の隊員で編成され、被災地で炊き出しの支援をした）を派遣していましたので、私も含め広報班員の多くは、これら炊事チームの活躍を取材・広報するために阪神・淡路地区に相当期間滞在しました。

地下鉄サリン事件が起こった日は、阪神・淡路地区から戻って二週間ほど経った頃でした。「都内の地下鉄で事故が発生した」というニュースが伝わり始めたのは、「連隊の広報紙作りや写真の整理なども一段落したので、少し休みを取ろうや」などと相談している時でしたが、よもやあんな大事件になるとは思いませんでした。

地下鉄サリン事件の発生で「休み」の話も吹っ飛んでしまいました。時間とともに事件の概容が明らかになるにつれ、ただごとではないと感じ始めました。そしてついに、32連隊に災害派遣命令が下されたのです。

32連隊と化学科部隊で混成された「除染隊」が現場に向け出動、私は化学学校教官の中村3佐が中心となって活動した「築地隊」と同行しました。現場に到着したら、中村3佐が「広報班もカメラを持って地下鉄構内まで一緒に入ってこい」というので、私は戦闘用防護衣と防護マスク4形（新型）で身を固め、中村3佐の後から駅の構内に降りて行きました。

余談ですが、当時防護マスクは新型の「4形」と旧式の「3形」がありました。連隊長、中隊長や幕僚の各科長は新型の「4形」を支給されていましたが、数に限りがあり、ほとんどの隊員は旧式の「3形」でした。もちろん、自分の防護マスクも旧式の「3形」でしたが、4科長の内田1尉が自分の「4形」を特別に貸してくれたのです。私と内田1尉は馬が合い、日頃から親しい間柄でした。

「俺も現場に行きたいんだが、残念ながら、4科長（物資、武器・装備などの担当）の仕事があってどうしても行けない。俺の代わりにこの防護マスクを着けて行けよ。俺も現場で一緒だと思って、頑張ってくれ」と、激励してくれました。

地上との連絡員を兼ねて地下鉄構内へ

地下鉄構内に入り、私は、除染隊の活動を懸命にビデオに記録しました。なお、広報班の同僚の江口2曹が写真を担当しました。撮影作業は、比較的落ち着いて実施できたと思います。前代未聞の作業を撮りこぼさないように、絶えずあらゆる方向に気を配りながら撮影しました。防護マスクは視界が狭いので、現場全体の活動を同時に把握するのは大変でした。

自分は、ビデオ撮影の他にも、地下鉄構内と地上との連絡員を兼ねていました。無線が通じないので、除染隊指揮官の中村3佐のメッセージ（除染作業の進捗状況など）を地上の除染隊や警察・消防などに伝えるため、何度も地下階段を昇ったり降りたりしたものです。戦闘用防護衣とガスマスクを着けて地下鉄の階段を往復するのは相当苦しいものでした。

築地駅の除染作業が終了した後は、丸ノ内線の後楽園駅に移動し、そこでも同様の作業を実施し、私は、引き続き懸命にビデオで記録しました。

テレビ、新聞で報じられた除染現場の記録

与えられたすべての除染作業を終え、深夜市ヶ谷の連隊に帰ったころには、日付も変わっていたと思います。陸上幕僚監部広報室の幹部から、「除染作業の現場の記録はあるか?」との電話がありましたので、江口2曹の写真と私が撮ったビデオを提供しました。これらの記録が報道各社に提供され、ビデオがNHKなどのテレビで繰り返し放映されるとともに写真が翌朝の朝日、読売等の新聞各紙の一面を飾りました。

その後私は、戦闘服だけではなく下着まで没収され、シャワーで自分の体を「除染」して着替えた後、サリンの影響がないかどうか医官の問診を受けました。その時の私は、歴史的なビデオ撮影をしたという達成感よりも、「早く、メシを食わせてくれー」という食欲の方が勝っていたというのが、偽らざるところでした。何せ、朝飯以来何も食べていなかったのですから。

このように地下鉄駅の「最前線」においては、化学科部隊も含めたわが除染隊が、今まで一度もやったことのない地下鉄構内の除染活動を命懸けで行なったわけである。現場で様々な困難に出合っても、臨機応変に見事にこれを解決・克服してくれたのであった。

先に32連隊の隊員の特性として「小回りの利く集団」と表現したが、文字どおりその特性を十分に発揮し、中村3佐をはじめ配属された化学科部隊の健闘と相俟って、未曾有の任務を完全に達成することができた。

除染隊員たちの凱旋

隊員たちは、長時間にわたり、息苦しいマスクと蒸し暑い防護服を身にまとい、夜遅くまで地下鉄構内での除染に励み、これをやり遂げて次々と市ヶ谷駐屯地に凱旋した。私をはじめ、市ヶ谷駐屯地に残った隊員たちは、除染隊が凱旋するたびに連隊隊舎前に出て、拍手で彼らを迎え、その労をねぎらった。

出陣式を行なった隊舎前のグラウンドには、増援の化学部隊などの宿泊や資材収納のため、ところ狭しと天幕が張られていたので、除染隊の隊員たちは、玄関前の狭いアスファルト道路の上に整列し、私に任務終了を報告をした。この時の光景は、麻生幾氏が著書『極秘捜査』の中で「まさに戦時下の〝野戦本部〟そのものだった」と述べているとおりだった。

除染隊員は、除染現場で主として水洗により一応サリンの除染は済ませていたが、帰隊後再び101化学防護隊が設置した除染シャワーを浴び、野外風呂に入浴して全身を石鹸で洗い、サリンの除毒に万全を期した。また、入浴後、念のため連隊の衛生小隊により問診し、サリン特有の縮瞳などについて調べた。縮瞳の疑いのある隊員一名と、除染剤を作る際に苛性ソーダの濃縮液が手に付着し皮膚がカブレた隊員一人がいたので、ただちに自衛隊中央病院に送ったが、いずれも問題ないことが判明し、事なきを得た。

また、内田1尉以下4科の隊員たちの計らいで、温かい夜食がたっぷり振舞われたのは言うまでもない。その日、食事を賄う駐屯地業務隊は、全く予期しない量の夕食の準備を迫られたため、冷蔵庫にあるありったけのもので心をこめて調理したと聞いた。また、足りないものは、ボイルした缶詰（白飯、味付けハンバーグ、たくあん）で代用したそうだ。現場に出た隊員たちと、駐屯地で支援するいわば裏方の隊員たちの心の通う場面であった。

除染隊解組式

ところで、この「除染作戦」の成否は翌日（二一日）早朝の始発電車からの乗客に異常が出ないことで判明する。オウムがサリン攻撃した日比谷線、丸ノ内線および千代田線等の東京メトロ線の始発は早朝五時である。テレビ各局は、始発電車から地下鉄の様子を実況中継した。私は、その様子をモニターしながら「異常のないこと」を神様に祈った。

テレビの中から、救急車のサイレンが聞こえてこないだろうかと気が気ではなかった。サリンの揮発成分が駅構内や列車内に少しでも残留しておれば、いずれ乗客の中に異変を感じる者が現われるはずである。

始発から三〇分経った五時半になっても何も異常は報じられない。午前六時、一時間経っても大丈夫のようだ。そして「無事」が積み重なり、七時、八時と時間が過ぎていった。テレビ画面だけではなく、上級部隊などの情報ネットワークからも何の異常も通報されなかった。九時ごろになっても異常がないことが確認され、ようやく私は、わが連隊と化学科部隊の隊員たちが見事に任務を達成してくれたことを確信した。

二〇日から二一日未明にかけて実施した除染作戦の終了にともない、防衛庁や警察庁の次の関心は二二日に予定される上九一色村などのオウムの施設に対する強制捜査に移った。

除染任務を終えた32連隊にも、第1師団所属の他の連隊（練馬の1連隊、朝霞の31連隊、静岡県裾野市板妻の34連隊）などと同様、警察の強制捜査時にオウムが銃などで反撃した際、警察の「後詰め」となる任務が付与されるかもしれない。

また、地下鉄サリン事件で「毒ガス対処の切り札」と目されるようになった化学科部隊（化学学校101化学防護隊、第1師団化学防護小隊、第12師団化学防護小隊）をいつまでも32連隊長の指揮下に置くことも不適切である。化学科部隊はいわば陸上自衛隊、否、大袈裟に言えば日本政府のいわば「虎の子部隊」として、いつでも最優先の目標・任務に投入できるように「フリー」にしておく必要があった。

このような理由から、除染任務が完了した二一日の午後には、化学科部隊（三個）を32連隊長の指揮下から解除する旨の第1師団命令が発令された。

私は、この命令に基づき、天幕等で埋めつくされた連隊前のグラウンドのわずかばかりの空き地に除染隊を集めて「編成解組式」を行なった。

その時の訓示で私は、「まったく予期しない、訓練でも経験したことのない事態」の中で、「普通科連隊と化学科部隊が協力して、任務を完遂できたことは、諸官一人ひとりの優秀性とそれぞれの部隊の精強性を物語る何よりの証」であり、「このたびの活躍は、長くそれぞれの部隊の歴史に刻まれることだと思う」と述べた。

そして、今後事態の推移が予断を許さないことを念頭に、日本海海戦でバルチック艦隊を撃破した連合艦隊司令長官・東郷平八郎大将の連合艦隊解散の辞の有名な文句

除染任務を終え、深夜になってから市ヶ谷駐屯地に帰還し、出迎えの隊員たちの拍手の中、隊舎前からグラウンドに入る第32普通科連隊所属の大型トラック

除染任務から市ヶ谷駐屯地に帰還してきた隊員を除染する第101化学防護隊隊員

除染任務を無事に終え、深夜になって三々五々、除染隊が市ヶ谷駐屯地に帰還するたびに、著者は隊舎前で出迎えて、それぞれの隊から任務終了の報告を受けた

帰還後、防護衣姿のまま整列し、著者に任務終了の報告をする除染隊隊員たち

を引いて、「これからも直ちに任務に就けるように物心両面で『兜の緒を締める』ことが重要である」と訓示を締めくくった。

最後に、除染部隊と隊員達の健闘を称えて万歳を三唱した。私は隊員達とともに力一杯「万歳！」を唱えながら、間もなく大宮に引っ越すことになっている32連隊が市ヶ谷台上にある間に誇るべき連隊の足跡を残したいという願いが、思いもかけぬ形で実現できたことに感無量であった。

そして、自ら訓示した「兜の緒を締め」なければならない事態が、その日の夕刻に現実のものとなったのである。

第八章　幻の作戦計画

師団から届いた密封命令

私は、事件発生の翌日（三月二一日）、早朝から始発電車からの乗客に異常のないことを確かめ、除染隊の編成解組式を終えた後も、引き続き指揮所に位置して、幕僚たちと今後の事態の展開について検討を重ねた。

第1師団司令部、東部方面総監部、陸上幕僚監部などから情報入手に努めたが、いずこも混乱していて、ほとんど何も分からなかった。オウムが引き続き毒物などで無差別テロを実施するのかどうかが最大の関心事だった。

午後遅く、妻が娘（当時、大学一年生）と共に、下着などを届けてくれた。

「うちの方は大丈夫だから、頑張ってね。官舎では、奥さんたちが協力して不審者などの警備をしているわ」

「何が起こるか分からないから、しっかり戸締まりをした方がいいな。また、繁華街には行かないように」

などと、簡単にことばを交わしただけで帰っていった。

夕方になって、1師団司令部からの連絡幹部が指揮所にやってきた。

「杉田師団長から福山連隊長に直接お渡しするように命ぜられました」と申告し、一通の密封した茶封筒を恭しく私に手交した。私はこれを押し頂いた。

表書には赤で「別命あるまで開封を禁ず」と印刷されていた。私は自室に入り、人払いした。手にした封筒を見つめながら、考えた。

今回の地下鉄サリン事件では、「奇襲」を受けたことが悔しかった。この事件は、全く寝耳に水で、準備の余裕がなかった。これまでの事件の展開から推察して、今後の展開も深刻なシナリオが予測された。私にとっては再び、今回のサリン除染任務以上に、部下隊員の生命に係る決心・命令を下さなければならない場面があるかもしれない。事態が切迫してから開封して読んだのでは、自分自身の心の準備もできず、作戦計画などの作成にも十分な時間がとれず、すべてが中途半端になる恐れがある。指揮官として先が読めなければ、作戦で最も戒められる「受動」に陥り、後手に回ることになる。その犠牲となるのは隊員だ……。

腹を決めた私は、師団長には「誠に申し訳ない」とは思いつつも、ハサミで封を切った。

「最悪の事態」に備えた前代未聞の作戦計画

案の定、封筒の中には「作戦計画のようなもの」（以下「幻の作戦計画」と呼ぶ）が入っていた。この「幻の作戦計画」は、そのまま「命令」に切り換えることもできるものだった。だが、「幻の作戦計画」は何の法的根拠もない、単なる「夢物語」あるいは「作文」とも見なし得るものだった。

その「幻の作戦計画」の内容は、一言で言えば「第1師団総力による戦闘計画」であった。もっと正確に言えば、「〝増強〟東部方面隊戦闘計画」とでも言うべきものだった。その「幻の作戦計画」においては、万一、警察力がオウムに抗しきれず、警察官や市民に甚大な被害が出た場合に備え、防衛庁長官直轄の精鋭部隊の空挺団までも待機させるほどの万全の態勢を取っていた。正に自衛隊史上聞いたこともない、事実上の治安出動態勢を取ろうとするものであった。

想定された「主戦場」は、上九一色村にあるオウム教団の〝本丸〟と、東京都内の〝サティアン〟であった。

上九一色村の教団本部に警察官が踏み込んだ際に、オウムが武器を使用し猛反撃を行ない、警察官が次々に死傷した場合には、静岡県板妻駐屯地の第34普通科連隊が化学部隊の応援を得て対処することになっていた。また第34普通科連隊には、万が一に備え、第1戦車大隊と第1特科連隊（いずれも静岡県裾野市駒門駐屯地）が支援できる態勢を取るように計画されていた。

さらに、ソ連製ヘリコプターによるオウムの空中からの反撃には、第1高射特科大隊（静岡県裾野市駒門駐屯地）が備える。加えて攻撃ヘリコプター「コブラ」が、上九一色の現場へ〝スクランブル発進〟できる態勢も整える計画だった。また、市民や警察官・自衛隊員の犠牲者発生に備え、自衛隊医療チームも万全の治療・搬送態勢を整えるようになっていた。

一方、東京都内のオウム教団施設への強制捜査の際は、わが32連隊と練馬の1連隊が、地下鉄サリン事件以降市ヶ谷に留まっている第101化学防護隊などとともにオウムのサリン攻撃などに備える（除染を実施）任務を担うことになっていた。

また、万一、オウムから銃撃が行なわれ警察の力では対処できない場合には、政府の決定・命令に基づき、「警察比例の原則」に準じて32連隊と1連隊などが対処することになっていた。さらに、市ヶ谷駐屯地には大規模な医療支援態勢が整えられ、都内での〝無差別テロ〟の犠牲者に対する救急救命の準備がなされていた。

この密封の茶封筒の中の「幻の作戦計画」は、あくまでも最悪の事態（強制捜査にあたる警察官に多くの犠牲者が生じ、自衛隊を投入する他にオプションがない場合）に備えたもので、いまだ政府や防衛庁でオーソライズされたものではなく、現場部隊レベルの「腹案」程度のものではなかったろうか。

地下鉄サリン事件で露呈したように、日本の安全保障・治安維持の法制度的な欠陥や政府のリーダーシップの欠如は明らかだった。首都の地下鉄におけるサリン散布による無差別テロで、五〇〇〇名以上の犠牲者が出ても、自衛隊を「災害派遣」として出動させる始末だったことが如実にそのことを物語っている。

われわれ自衛隊としては、このような欠陥だらけの安全保障・治安維持制度の中で、市民や警察官がむざむざ殺傷されるのを手を拱いて傍観できるはずもないだろう。最悪の事態に備えようとはするが、これを可能にする根拠法規も政府のリーダーシップもない。かつて、栗栖統幕議長の「超法規」発言に繋がった欠陥だらけの防衛法制は、その後二〇年近くたっても、ほとんど変わっていなかった。そこで、当時の自衛隊は苦肉の策として「幻の作戦計画」を作成・配布したのではなかろうか。自衛隊の良識として、法を逸脱せず、シビリアン・コントロールの範囲内で健気にも次の最悪のシナリオ――地下鉄サリン事件の発生でその現実性が高まった――に備え、政府が決断（自衛隊の防衛出動ないしは治安出動）すれば、ただちに対応できるようにギリギリの工夫をしたのではなかったろうか。

32連隊の対応策

私は、封書の中に記されているシナリオを読んで、地下鉄サリン事件のそれまでの狂気とも思える展開から見て、当然起こり得ることと受け止めた。そして、32連隊長としての立場から、次に「打つべき手」を考えてみた。私は、思考の末、二つの「打つべき手」に到達した。

極秘裏に三つの準備

第一の「打つべき手」は、密封の茶封筒の中の「幻の作戦計画」が万一発動される場合に備え、連隊として極秘裏に最小限の準備をすることである。私は、意を決して3科長の岡田3佐を自室に呼び、「幻の作戦計画」を封書から取り出して見せた。そして、あえて密封命令を開封した理由を披瀝し、「幻の作戦計画」に基づいて最小限必須の準備を極秘裏に進めるように命じた。

岡田3佐と検討した結果、「三つの準備」を実施することとした。

一つ目は、師団から伝えられた「幻の作戦計画」の概要とそれに関する私（連隊長）の「腹案・三つの準備」を各中隊長（六名）に伝え、心の準備をさせることだった。

二つ目の準備は、射撃技量の優秀な隊員を各中隊から集めて〝狙撃小隊〟を編成することだった。都内で小銃や機関銃を乱射すると、都民に被害が出る可能性がある。それを回避するためには、狙撃手により、ターゲットを絞りピンポイントで相手を制圧する必要がある。そのために、任務については一切触れず、ただ各中隊に「○○隊員を直接3科長の掌握下に入れよ」と命じた。連隊本部の一室に集められた隊員たちは、おたがいに顔を見合わせて、射撃の名手が集められたことは分かっただろうが、その理由については分からなかったに違いない。

三つ目の準備は、「対オウム遊撃小隊」の編成である。オウムとの屋内での戦いを

地下鉄サリン事件から一夜明けた3月21日の早朝、市ヶ谷駐屯地第32連隊隊舎前のグラウンドに待機中の化学科部隊車両群。除染車や化学防護車が確認できる

対戦車ヘリ AH-1S コブラ。地下鉄サリン事件2日後の警察の上九一色村オウム教団施設強制捜査に備えた「幻の作戦計画」で、オウムの空からの攻撃に備えスクランブル発進の態勢をとる計画（部隊レベルの案で、防衛庁長官は未承認）であった

74式戦車。やはり上九一色村強制捜査に備えて、板妻駐屯地の第34普通科連隊に加え、駒門駐屯地の第1戦車大隊なども対応する計画（部隊レベルの案で、防衛庁長官は未承認）であった

地下鉄サリン事件翌日、第32普通科連隊各隊員に改めて化学防護装備についての教育が行なわれた。写真は戦闘用防護衣について教育中の化学学校・押川2佐

上の写真と同様、携帯除染器等について教育中の化学学校・中村3佐(中央後ろ姿)。この教育は、除染任務終了後も待機中の隊員を隊舎の屋上に集め実施された

想定し、銃剣格闘、空手などに優れた隊員を選抜し、小隊を編成した。その小隊長には、格闘技に優れた3科の近藤2尉を指名した。

襲撃に備えて駐屯地の警備強化

第二の「打つべき手」は、駐屯地内の武器・弾薬をオウムの襲撃・強奪から守ることだった。

オウムは、地下鉄にサリンを撒いて無差別テロを行なうほど凶悪・凶暴だ。明日予定されている警察の強制捜査情報についても、内通者により事前に承知しているに違いない。オウムが警察の強制捜査を阻止・回避するために残された時間は、今日(二一日)の夕方から明日(二二日)朝までだ。オウムはすでに、ソ連・ロシアからヘリコプターを入手しており、ほかにも武器を確保しているかもしれない。

しかし、現在持っている武器が不十分ならば、自衛隊を襲い、武器を奪取しようとする可能性もある。サリンを散布した犯人たちを主体に、今夜わが連隊の武器・弾薬を奪取するために、市ヶ谷駐屯地を襲撃するかもしれない。「今夜は、警戒を厳重にして、万一の可能性に備え、オウムの襲撃・強奪から武器・弾薬を守らなければならない」と考えた。

内外の事件史などを見れば、都市部にある陸軍基地・連隊の武器・弾薬が狙われるのが通例である。また、私の推理を裏付けるかのように、第1師団長からも、「各部隊は、武器の保管を厳格に行なえ」という趣旨の指示が来ていた。

そこで、市ヶ谷駐屯地警備にあたる警衛隊の兵力は通常一四名のところを、さらに一四名増強し二八名態勢とした。これに加え、防弾チョッキを着用した一個小隊（約三〇名）を、隊員宿舎で待機させ、万一の場合は警衛隊を増強できるようにした。銃を持った警備の隊員を直接配置する「歩哨ポスト」は、市ヶ谷正門など従来の「歩哨ポスト」に加え、ゲリラなどの襲撃が予想されるルートを阻止できる他の要点にも増設し、警備を強化した。また、「歩哨ポスト」相互の間隙は、「巡察」と呼ばれる二名一組のチームをもって絶え間なくパトロールさせた。

さらに、それぞれの歩哨ポスト正面の道路上にはゲリラの突入に備え鉄条網を張り、車の突入を阻止するため鉄製の「拒馬（障害）」を縦深に置いた。また、「歩哨ポスト」の周りには土嚢を積み上げオウムの銃撃から防護できるようにした。加えて、オウム襲撃の非常時に連隊長がただちに情報を把握できるように、警衛隊司令はもとより、各歩哨ポストにも有線電話を増設した。

最悪の事態を想定し、弾薬庫から小銃弾の弾薬箱を取り出して、4科長の内田1尉に管理させ、万一に備えた。駐屯地警衛隊は、もともと（平常時においても）一定量の弾薬を与えられているが、オウムの襲撃など最悪の事態には弾薬不足が懸念された。ただし、弾薬箱の開封は連隊長の許可が必須条件であると命じておいた。

何が起こっても不思議ではなかった

地下鉄サリン事件発生以来、何が起こっても不思議ではないと思われた。特に、警察の強制捜査前夜には、さらなる事件が続発するような気がした。サリン事件対処を命ぜられた立場からすれば、その夜実施した警備強化は、当然取るべき措置だったと今も確信している。

幸い事態はそのような最悪のシナリオのようには展開せず、弾薬箱を開封することもなかった。また、警察による上九一色村のサティアンなどオウムの施設に対する強制捜査に対しても反撃は見られず、事態は平穏に推移した。

しかし、その後明らかになったオウムの武器製造の実態を見るに、「幻の作戦計画」準備や32連隊の警備強化は、あながち的外れではなかったように思う。オウムが警察の強制捜査をもう少し引き延ばして時間を稼ぎ、一〇〇〇梃におよぶＡＫ－74自動小銃・弾薬などを製造し、また、高純度のサリンを大量に保持していたらどうなっていただろうか。そうなれば、警察の強制捜査に対し、オウムによる武力反撃が行なわれる事態となり、陸上自衛隊は、茶封筒の中に秘められた「幻の作戦計画」に基づいて、警察官救援作戦を実施していたかもしれない。

オウムの武器製造について、東京地裁での松本智津夫への判決要旨には、次のように記述されている。

「被告人（松本智津夫）は、横山真人、広瀬健一らと共謀の上、通商産業大臣の許可を受けず、かつ、法定の除外事由が無いのに、ロシア製自動小銃『AK－74』を模倣した自動小銃約一〇〇〇丁を製造しようと企て、平成六年六月下旬ごろから平成七年三月二一日ごろまでの間、山梨県西八代郡上九一色村の第一一サティアンにおいて、マシニングセンターで鋼材を切削するなどして引き金、遊底など二一種類の金属部品をそれぞれ製造するなどして同自動小銃約一〇〇〇丁を製造しようとしたが、同月二二日、上記各施設が警察による捜索を受けるなどしたため、その目的を遂げ無かった。平成六年一二月下旬ごろから平成七年一月一日までの間、清流精舎において、上記犯行により製作した小銃一丁の必要部品を取り揃えるなどした上、これらを組み立てて小銃一丁を製造したものである」

「オウム遊撃小隊」編成さる

師団からの「幻の作戦計画」に対応した私の三つの準備のひとつに「オウム遊撃小隊」の編成があった。前述のようにオウムとの屋内での戦いを想定して、格闘技に優れた隊員で編成した小隊だが、その小隊長に指名されたのが、徒手格闘の教官でもあった3科の運用訓練幹部・近藤2尉である。

いきなり「戦闘」の矢面に立つことになった彼と部下たちは、警察の強制捜査前夜から緊張の中で待機していた。その時の状況を近藤2尉はこう語っている。

◆近藤2尉の証言――

われわれにとって真の「対オウム戦争」は、実は除染作戦が終わった後だったのかもしれない。

三月二〇日から二一日未明にかけての除染オペレーションが無事に終了し、二一日の始発電車も無事に動き出したことを確認すると、われわれ末端レベルでは、「これで終わった……」と安堵の溜息をつき、今回の特別編成が解かれるものとばかり思っていた。

ところが、待てど暮らせど最高レベルの態勢である「第三種非常勤務態勢」が解かれない。そのうち「オウムはまだ大量のサリンを隠し持っており、次なるテロを準備している。そのため自衛隊も、引き続き除染のための災害派遣態勢を維持するのだ」という話が、どこからともなく流れてきた。

それどころか、「オウムは旧ソ連製のヘリコプターや対空火砲を取得し、機関銃や小銃まで製造して重武装している！」という、とんでもない話も聞こえてきた。

実はサリン事件——というより無差別テロなのだが——の前日である一九日、警視庁は上九一色村の〝サティアン〟や都内の教団施設に一斉強制捜査を行なう予定だったが、警視庁単独ではまずいということになり、警察庁の音頭で態勢を立て直している正にその時、サリンで「先制攻撃」されたのだ、という話も伝わってきた。

地団駄を踏んで悔しがる警察当局は、翌二二日、改めて警視庁と各管区警察、県警合同で一斉捜査、つまりオウム施設への突入を敢行するとのことだった。

大量のサリン、ソ連製のヘリに機関銃……。「警察は大丈夫なのか?」というのが自衛官とすれば当然の疑問だろう。そしてそのとおり、「陸幕」はじめ当時の防衛庁・自衛隊の上層部は「最悪の事態」を想定したシナリオを立てて、極秘裏に準備を進めていたものと思われる。

「別命あるまで開封厳禁」と赤で印刷された封筒が、上級司令部である練馬の第1師団司令部から連隊長に届けられたと聞いた。

連隊長は岡田3佐と共に検討し、連隊として実施すべき具体的措置を決めた。

そして私にも任務が与えられた。「実戦」の現場に出動するには各中隊の幹部だけでは足りなかった。そのため連隊長のスタッフとしての〝はしくれ〟の私が、オウムと渡り合う現場の小隊長として部隊を指揮する栄誉を賜ったのだ。その名も「オウム遊撃小隊」。常日頃、ともに格闘訓練にいそしんできた「近衛連隊」の格闘の猛者たちとともに、「戦闘準備」を行なうことになった。

これらの話は連隊本部だけで極秘裏に準備が進められ、連隊長の直属の部下指揮官である六人の中隊長たちに実際に「準備命令」が下達されたのは、警察が突入する当日の午前零時頃だった。

連隊長室で行なわれた「幻の作戦計画」の下達（説明）は、各中隊長に相当の衝撃を与えたらしかった。連隊長室から出てくる各中隊長の表情は一様に強張っており、ある中隊長は顔面蒼白で、ワナワナと体を震わせ「こんなことできないよ……」とつぶやく始末。

「指揮官がそんなことで、あなたの中隊の隊員はどうなるんだ！」と、「オウム遊撃小隊長」を命ぜられていた〝2等陸尉風情〟の私は、〝指揮官たる者〟の在るべき姿に思いを致し、ぎゅっと拳を強く握ったのを覚えている。

小銃を片手に連隊本部で水杯を上げ、岡田3科長以下、全員で強く頷き合い、われわれは執務室に簡易ベッドを広げ、防護マスク、防護衣を脇に置いて若干の仮眠態勢に移った……。

私は一月の始めに連隊長を主賓に招いて結婚式を挙げた。その直後の演習中に阪神淡路大震災が発生し、連隊本部に泊まり込む日々が続き、やっと落ち着いたところに〝サリンテロ〟が起きた。妻には何も告げていない。そして今、小銃を抱えて、明日のオウムとの〝近接戦闘〟に備えている。

「これで帰らぬ人になるかもしれない……」という思いが一瞬頭をよぎったが、前代未聞の〝敵〟を前に、自ら部隊を率いて突入するという栄誉に、若い2等陸尉だった自分は「興奮状態」にあったと言えよう。

そしてまんじりともしないまま、二二日の朝を迎えた。警察の一斉捜査を、マスコミが「実況中継」するという異様なものだった。その様子を固唾を呑みながら見守りつつ、警察の「健闘」を祈らずにはいられなかったのが正直な気持だ。思わず脇に置いてある銃を握りしめ、「オウムめ……」と怒りがこみ上げてきた。

警察の捜査は遅々として進まない。テレビは〝サティアン〟入口での機動隊員とオウム信者の押し問答の様子を映している。

幸い、大事には至らなかった。オウムが大がかりな〝武力抵抗〟を試みることはなく、警察は独力で対処できた。しかしながら、オウムの主要メンバーはすでに逃走したあとであった。

後日譚――カナリア部隊編成

上九一色村のオウムの施設（サティアン）に対する警察の強制捜査のテレビ中継を見ていると、捜査隊の先頭付近に、自衛隊が貸与した戦闘用防護衣とガスマスクに身を固めた警官の一人が鳥籠を持っていた。よく見ると、鳥籠にはカナリアが入っていた。韓国で見た光景を思い出した。

韓国で防衛駐在官勤務時代（一九九〇～九三年）、板門店（韓国・米国と北朝鮮の接点、国連軍・北朝鮮軍の共同警備区域）に日本からの訪問客を案内する際、板門店のすぐ近くに発見された非武装地帯を横断するトンネルを見学するのがお決まりのコースだった。このトンネルは北朝鮮が韓国に侵攻する際に使うために密かに掘り進んでいるうち、途中で韓国軍に見破られたものだ。

韓国軍は、反対方向（南から）から掘り進んで、北が掘っていたトンネルの先端に到達したという。北が二度と使えないように、トンネルをコンクリートで塞ぎ、二四時間、機関銃で武装した警備兵を配置している。北朝鮮の危険性・侵略の意図をアピールするために、一般の観光客にも公開している。韓国領域から掘り進んだトンネルを伝って地下に降りていくと、北朝鮮が途中まで掘り進んできたトンネルの先端付近に韓国軍の警備兵がいて、そこにはなんとカナリアが籠の中で鳴いていた。私は、警備兵に韓国語で質問した。

「このカナリアは、何のために置いているのか？」

「北朝鮮が、トンネル内にサリンなどの化学兵器を散布し、コンクリートの壁を突破して攻撃しようとする時、カナリアが身をもってそれを知らせてくれます。カナリアは、化学剤に最も敏感だと言われ、人間よりも遙かに少量の化学剤でも弱って死んでしまうと言われています。サリンの毒性は、動物固有の体重に比例して作用します。たとえば、カナリアの体重を二〇グラムと仮定すれば、六〇キログラムの体重の人間の三千分の一の量で同じ効果が表われることになります」

警察は、オウムのサティアンに入る際、頼りになる「化学剤検知器」の一つとして、カナリアを連れて行ったのだった。

テレビでこの様子を見た私は、早速部下にカナリアの調達を命じた。連隊が再度サリンなどの神経剤に立ち向かう可能性を案じたからだ。岡田3佐と内田1尉が協力してカナリアの調達に奔走してくれた。

これにはさらに裏話がある。4科長の内田1尉によればこうだ。予算は、上級部隊(第1師団司令部)に要求することになっている。カナリアの調達を師団に要求したが、師団の担当幕僚たちが困ってしまった。前例がないのである。自衛隊が物を調達する際の経費は調達品目ごとの「予算科目」が事細かに決められている。師団では鳩首協議をしたが、なかなかの難問だったらしい。

結局はカナリア(エサや籠も含む)は紙や鉛筆と同様に「消耗品」扱いで、「予算科目」としては、「教育訓練演習費」が使われることになった。またその管理要領は

「生きている間は管理簿（自衛隊の物品はすべてこの管理簿に記載されている）に記載し、死亡した段階で管理簿から削除する」こととした。

私が七月一日付で離任した後のことだが、カナリアは卵を産み雛が孵ったそうである。ちなみにこのカナリアたちは、その後エサ代に困り、オウム事件が一段落した後、愛好者に引き取って頂いたとか。万一の場合は、「動員」することを条件に。

◆岩尾2曹の証言――「カナリアの調達」

カナリアを飼おう（買おう）。そんな話が3科に舞い込んだのは事件からしばらく経ってからだった。連隊長の発案らしい。

岡田3佐は成田1曹に「カナリア」の買い出し担当を命じた。成田1曹はレンジャー訓練の担当で、「蛇やウサギや食用蛙（レンジャー訓練隊員の非常食）」の調達経験があったからだ。予算は三万円。

成田1曹はつがいのカナリア一〇羽と携行用の鳥籠五個を購入した。こうして「突撃化学偵察斥候」のカナリアたちは32連隊の営門をくぐり、「入隊」した。

科長曰く、「どうやってカナリアを飼うんだ？」。

「私が、鳥籠を作ります。金網だけ買えば、後は鳥小屋を造る廃材は倉庫に十分ありますから」と、責任感旺盛な成田1曹が「大工」を買って出た。

成田1曹は連隊隊舎の隅の倉庫から廃材の柱、板、トタンなどを引っ張り出し、鳥小屋作りに励んだ。成田1曹の手にかかれば、完成まで一日あれば十分だった。設計図もなく創意で作った。

「性能（スペック）」としては、屋根付きの野外設置型で、横は二メートル四方、縦二・五メートルほどの堂々たる鳥小屋。緑色の金網を張り巡らせ、中には「止まり木」「水浴び用の風呂桶」「水飲み場」「巣箱」までしつらえた。また、床には糞を除去できるように全体を引き出せる取っ手付きの床板を付けた。さらに「水飲み場」の給水ができるように「小窓」までつける念の入れよう。遂に完成。3科長以下感動、そして拍手であった。

はじめ鳥籠は屋外に置いたが、すぐに野良猫たちの襲撃があった。サリンに立ち向かう前に猫の餌にするのはゴメンと、屋内へ。連隊の正面玄関奥にリロケーション。夜間は、当直幹部に命じ、「猫ヤロー」の侵入を監視させた。

カナリアを「入隊」させた当初は珍しくもあり、遊び感覚で接していたが、だんだん馴染んでくるといとおしい「戦友」のように思えてきた。

「このカナリアたちは、サリンの現場に行くことになれば真っ先に戦死しちゃうんだよね」と、何だか可哀想になった。近藤2尉がカナリアたちに名前を付けたのもそんな心情からだったのだろう。

◆近藤2尉の証言――〝突撃化学偵察斥候〟カナリア一号〜六号

警察による〝一斉捜査〟は終了したものの、オウムの主要メンバーは全国に逃走。暴かれた上九一色村のオウム施設からは、彼らの驚愕すべき〝武装計画〟が明らかになった。化学兵器、生物兵器はもとより、小銃、機関銃にロケット砲から弾道ミサイルまで！　彼らが計画した〝テロリスト国家〟が机上のものではなく、真剣に（狂っているとしか思えないが……）実行に移されていたことを証明する数々の証拠に、当局は衝撃を受けた。それは、誰もが予想し得なかった〝狂気のレベル〟だったのだ。

当然、自衛隊としても〝サリンテロへの即応態勢〟を維持することになった。第32普通科連隊としても〝あの時〟の経験を活かし、早速カナリアを調達することにした。部隊としてそんな「装備品」を購入したことはなかったので、ちょっと可哀想な気もするがカナリアたちは「消耗品」という扱いで部隊に「入隊」し、対サリンテロ作戦の前線に立つことになったのだ。

彼ら（彼女ら）は、部隊一階入口の踊り場に、特製のケージを作ってもらい〝宿営〟することになった。そこで私は、彼ら（彼女ら）に名前を付けることにした。作戦参謀・岡田功《イサオ》3科長の名前にちなんだり、この事件と絡めたり……。

突撃化学偵察斥候Ⅰ号：　イサ王

同、Ⅱ号：　サリ太

同、Ⅲ号：　ガス彦

そして〝彼女ら〟の名前は……、

女子化学挺身隊Ⅰ号：　アサ子

同、Ⅱ号：　ショー子

同、Ⅲ号：　サリー

決して気が利いた名前だとは思わなかったが、ケージに取り付けた名札の下にはこんなキャッチコピーもつけた。

「僕はイサ王：僕が死んだら、状況開始！」

「僕はガス彦：僕が倒れる、マスクをつけて君は戦え！」

「私はショー子：あなたの代わりに、私が死にます」

「私はサリー：私が倒れたら、きっと仇を討って！」云々……

　こんな感じだった。考えているうちにカナリアたちが可哀想になった……。

　それがいきなり朝のテレビ番組で放映されてしまった。撮影の許可を出した記憶はないが、「サリン事件出動部隊」の取材に来ていたクルーが〝勝手に〟撮影したらしい。まあ、目立つところにあったので、取材ネタとしては面白かったのだろう。ついでに「フライデー」からも記事にされた。「自衛隊の〝切り札〟カナリア部隊を発見！」と。

　面白おかしく記事にされ、連隊長や上級司令部からお叱りを受けたものだが、「化学特捜犬シロ」と併せて、「突撃化学偵察斥候や女子化学挺身隊のカナリアたち」は、私が〝真剣に〟考えたものだった。

　幸いにも彼ら（彼女ら）に出動の機会は巡って来ず、対オウムの戦士として名を連ねたカナリアたちは、突撃化学偵察斥候等の任務を解かれ、それぞれ部隊の隊員たちにもらわれていき、幸せな日々を送ったという。

オウムによるハニー・トラップ作戦

警察官の中にもオウム信者がいたが、オウムは自衛隊員も信者として獲得しようと狙っていたようだ。以下は、連隊のある隊員が明らかにした話である。

地下鉄サリン事件の数ヵ月前、彼は、合気道の大会を見に日本武道館に行った。会場で女の子が近づき、声をかけてきた。とても可愛い女の子だったという。

「あなた自衛隊員ですか？」

「そうですが、何か」

「あなたも合気道をやるのですか？」

「少しやっています」

「カッコいいわね。でも、もっと強くなるためには、心を強くすることが大事よ。一度、富士の麓の上九一色村にある施設に行ってみませんか？」

こんな会話で交際が始まり、彼女と何度か会った。そして、遂に上九一色村のオウムの施設に行く約束をしてしまっていた。しかし、約束の日の直前に地下鉄サリン事件が起こり、彼はオウムの施設に行かずに済んだ。

オウムが32連隊の隊員獲得に食指を伸ばしているのが発覚したのは、警察からの情報だった。押収した「ハニー」役の女の子のノートの中に、トラップを仕掛けようとした男性の名前が多数残されていたからだ。

警察によるオウムの強制捜査があと一年も遅れていれば、32連隊隊員の中にもオウム信者が生まれ、連隊の活動に大きな影響が出ていたかもしれない。

第九章　事件から得た戦訓

除染作戦の報告書

私は、三月二九日付で、杉田師団長に対し、連隊長名で「災害派遣（首都圏における化学物質除染）における成果及び問題点・教訓等」というタイトルの報告書を提出した。これらの内容は、自衛隊の部隊レベルの運用面から見た評価であり、国家・政府レベルのものではない。念のため、同報告書の内容を紹介する。

成果全般

連隊は、師団命令により、化学学校の専門幕僚、化学科部隊及び関係部隊等並びに警視庁等関係機関と共同連携し、首都圏における化学物質除染を迅速・確実に実施して、災害派遣の任務を完遂したものと思料する。この間、情報の不足等、混乱する状況の中、現場における各級指揮官の適時・適切の状況判断・指揮及び各隊員の沈着冷静な行動等、平素の訓練成果を遺憾なく発揮することができた。

問題点・教訓等

現状認識（32連隊が出動するかどうか）について

マスコミの情報では、32連隊の出動の必然性が予測できなかった。また、当初受領した命令では、連隊の任務が不明確であり、関係機関等との指揮関係、連絡手段等不明な事項もあり混乱した。

非常呼集について

外出中（特に連休中）の隊員の呼集には時間を要する。また、突発的な第三種非常呼集（全隊員の呼集）であったため、隊員の掌握等に混乱をきたした。

情報収集・通信について

除染部隊が現地に到着するまで、情報源がテレビやラジオに限定され不足した。

また、情報収集のため、32連隊の先遣部隊が派遣できなかったほか、現場（除染部隊）指揮官も、警察や消防から直接現場で情報収集する枠組みが確立されていなかった。

都内における作戦においては、ＦＭ（周波数変調）無線機もビルの障害などで能力的に限界があり、携帯電話の携行が必要であった。

編成・装備について

特殊災害派遣用装備（人工蘇生器、携帯電話、緊急車両、拡声器等）が必要であった。市民に対する自衛官による救急救命には制限があり、また、派遣隊員自身の救護の必要性から、派遣当初から自衛官の医官（アトロピン注射やＰＡＭを携行）を除染隊の編成の中に加えるべきであった。

兵站について

連隊の化学装備品（検知器等）が不足した他、駐屯地移転工事のため装備品の集積場所が不十分。化学科部隊隊員や自宅からの通勤者の食事を賄うため、食糧の緊急調達が必要。化学装備品の現場整備部隊が必要（連隊のための）。

現場における部外機関（警察・マスコミ等）への対応

警察や消防等を含めた現場での指揮関係などが不明確で、現場からの撤収の判断が困難。現場における対マスコミ対応が困難であり、広報担当官の現場派遣が必要。

交通

車両用の「災害派遣」の表示板が目立たず、緊急車両としての優先権の確保が困難。また、操縦手に対する緊急車両の地位・行動要領等の平素の教育が不十分でパトカーに誘導されても赤信号で停止してしまった。

士気の維持

隊員を車中で長時間待機させた際、情報が不足し、隊員の士気の維持が困難。

生物・化学兵器テロの権威オルソン氏（アメリカ）の話

二〇〇七年九月二四日、私は、日本テレビの「ザ・ワイド」という番組で、アメリカの生物・化学兵器テロの権威、カイル・オルソン氏と地下鉄サリン事件について対談する機会があった（事前に収録したものの一部を放映）。

対談の後、カイル氏は、以下のような興味深い話をしてくれた。

・日本の警察当局は、オウムの有毒化学剤の製造について事前に知っていたものと推察している。オウム事件以前に、ある警察官僚がワシントンを訪れた際、「日本は、化学兵器禁止条約を批准したが、これに伴う査察は自衛隊などの国家機関だけなのか、民間などの私的組織の施設も含むのか？」と発言した。この発言内容から、アメリカ当局は日本の警察当局がオウムによる神経剤の製造を事前に知っていたものと推測している。

（筆者注：事件を未然に防げたかもしれない情報を警察当局が握りつぶした可能性）

・松本サリン事件直後、自分は、日本テレビ（ザ・ワイド）の招聘で訪日し、松本市の現場を訪れた。現場を詳細に見て、警察から被疑者と疑われている河野氏は「シロ」だと直感した。世の中に妻を殺害する夫はいるが、夫人と同時に愛犬二匹までも殺そうとする男（夫）は滅多にいないものだ、という理由からだった。

・アメリカ当局は、地下鉄サリン事件被害者の血液サンプルなどからサリンの純度を割り出した。その結果、オウムが製造したサリンの純度は相当低く、精製されたものではなかった、という事実を摑んだ。サリンの純度が低かったため、被害者が思ったより少なかったのは不幸中の幸いだった。

オウムは、サリンを精製する能力・施設を有していたのに、なぜこのような未精製のサリンを使用したのだろうか。その理由は、こうだ。オウムは、警察の捜査をかく乱するために、サリンを地下鉄に散布する三日前から急きょ製造したため、サリンを精製する時間的余裕がなかったようだ。ご承知のとおり、サリンは長期間保存をすると自然に分解してしまうので、作り置きが困難である。

・アメリカは、日本とちがい9・11同時多発テロを徹底的に検証・分析し、教訓を得、それを生かし国家情報長官の新設をはじめ、様々な再発防止施策を実行に移した。特にテロ関連情報を重視し、電話やパソコンの盗聴など従来以上に広範にモニターできるように手を広げ、膨大な情報を手に入れることができるようになった。

しかし、従来入手していた情報・インフォーメーション（いわば原石）の中からインテリジェンス（いわばダイアモンド）を見付け出す作業に比べ、情報機能強化により相対的に増えた「膨大な量のゴミ（情報・インフォーメーション）」の中から新たなダイアモンド（インテリジェンス）を探し出すのは難作業だ。またアルカイーダなどのテロ組織は、最近では電話やパソコンは使わなくなったし、偵察衛星の上空通過時を察知して、これ回避するようになった。莫大な金と人材を投入した割には予期した結果（質の高いテロ関連インテリジェンス）が得られていないのが実情だ。

教訓を生かす努力はなされたのか――地下鉄サリン事件と9・11

事件の教訓を汲み取り、これを生かし再発を防止して国民の生命を守ることは、政府の重大な責務であろう。

地下鉄サリン事件も9・11同時多発テロのいずれも、未然防止（水際阻止）に失敗した事件である。両事件の真相を克明に分析検証し、なぜ未然に阻止できなかったのかという原因・理由を明らかにすることは再発防止策を確立する上で重要である。そのような視点から、日米両政府の取り組みを見てみよう。

1．アメリカ政府の取り組み

アメリカ政府（ブッシュ政権）は「9・11同時多発テロ」を受けた後、次のような措置（軍事行動を含む）を矢継ぎ早にとった（二〇〇四年以降については紙幅の都合で省略）。その大要は、①事実と原因を検証・究明（独立調査委員会）、②対テロ戦略の確立、③アフガニスタン・イラクに対する軍事行動、④対テロ対処国家機構の強化（国家安全保障省および国家情報長官・省等の新設）⑤法律の整備（国土安全保障法および米愛国者法）などである。

二〇〇一年に取った措置

・大統領令第一三二二四号発令（9・23）
タリバンやアルカイーダ等の組織や特定個人、団体を指定して、彼らの資産の凍結と、彼らとアメリカ国民との間での取引行為を禁止。
・米英軍アフガニスタン攻撃開始（10・7）
・二〇〇一年米愛国者法制定（10・26）

二〇〇二年に取った措置

・「国家安全保障勧告システム」設立を内容とする国土安全保障大統領令三発令（3・11）
テロのリスクに関する情報を包括的・効率的に連邦・州・地方自治体・国民に伝達・広報
・国土安全保障国家戦略の発表（7・17）
米国の国家安全保障戦略の大綱（テロ対策を含む）
・二〇〇二年国土安全保障法制定（11・19）

「国土安全保障国家戦略」を受け、国土安全保障体制の全面的再編の根拠。これに基づいて国土安全保障省を創設。

・独立調査委員会の設置（11・27）

同時多発テロ事件に関する事実と原因を検証し報告。

・「大量破壊兵器に対する国家戦略」の発表（12・10）

大量破壊兵器を用いたテロに対抗するアメリカの政策を策定。

二〇〇三年に取った措置

・国家情報長官・省の新設（1・28）

従来のCIA長官に代わる米国情報コミュニティーの取りまとめ・監督機能。

・「対テロ国家戦略」の発表（2・14）

ブッシュ政権下で初めての総合的な対テロ政策の枠組みを定めたもの。

・米英軍等、対イラク軍事行動開始（3・20）

2. 日本政府の取り組み

一方、日本においてはどうであろうか。まず法制面においては、オウム真理教に対する団体規制が検討され、公安調査庁は公安審査委員会に対して処分の請求を行なったが、一九九七年になって公安審査委員会は、オウム真理教が「将来さらに団体の活動として暴力主義的破壊活動を行う明らかな恐れがあると認めるに足りる十分な理由が無い」として、請求を棄却した。

なお、オウム真理教に対しては、「無差別大量殺人行為を行った団体の規制に関する法律」（一九九九年一二月七日、法律第四七号）が制定され、これに基づき観察処分を実施している。

また、被害者の救済については一〇年以上も放置されたが、二〇〇八年になってようやくオウム真理教犯罪被害者救済法が成立、施行された。

しかし、依然、アメリカ独立調査委員会のような権威ある組織による真相や原因の究明はなされていない。なぜ地下鉄サリン事件が未然に防止できなかったのか。その責任は何処にあるのか。特に警察、公安調査庁などがオウムの危険性を見抜き、事前に防止できなかったのはなぜなのか。

ちなみに、地下鉄サリン事件以前にも、神経剤による襲撃・殺害事件は次のように五件も生起している。

・滝野弁護士サリン襲撃事件（一九九四年五月九日）
・松本サリン事件（一九九四年六月二七日）

・水野昇氏ＶＸ襲撃事件（一九九四年一二月二日）
・浜口忠仁氏ＶＸ殺害事件（一九九四年一二月一二日）
・長岡弘行氏ＶＸ襲撃事件（一九九五年一月四日）

このように、地下鉄サリン事件に先駆けて、松本サリン事件を含む五件の神経剤による襲撃・殺人事件が発生していたにもかかわらず、その原因を究明し、地下鉄サリン事件を未然に防止し得なかったのはなぜか——という疑問が、いまだ究明されていない。政府としてやるべきことの第一歩である原因と責任の究明がなされていないのである。原因と責任が曖昧なままでは、政府として今後類似のテロ事案を未然に防止するための総合、一貫性のある施策が打ち出せないのは当然だろう。

わが国・国民の安全保障・治安維持に関する致命的な弱点は、二つあると思われる。

その第一は、アメリカからの「お仕着せ」の現行憲法（特に九条）の下、「ユートピア的平和観」が主流となり、安全保障を「他力本願」で考える傾向が強くなり、また、現実の危機を直視せず、困難・危険な脅威から目をそらして、対策をおろそかにすること。

第二は、「喉元過ぎれば熱さ忘れる」のたとえどおり、事件とその教訓を忘却・棚上げする悪癖があること。アメリカが事件の詳細を究明し、その教訓を生かし執拗に再発防止に取り組むのとは対照的である。

アメリカは、日本にくらべれば完璧ともいえる再発防止施策を講じているかに見える。しかし、皮肉なことに、「二一世紀の十字軍対イスラム原理主義の戦い」と表現されるほどの歴史的・宗教的背景を持つ世界規模の対テロ戦争において、アメリカが打ち勝つことができるという見通しはまだ立っていない。

一方、日本のオウム真理教は、イスラム原理主義ほどの世界規模の広がりもなく、地下鉄サリン事件は、日本国内を主舞台とした狂信的カルト集団による一過性に近い犯罪だった。このような経緯から、政府は、深刻な反省を踏まえた強力な再発防止施策を採らなくても何とかなる——と考えているのかもしれない。日本政府の地下鉄サリン事件の教訓を踏まえた反省・措置が適切だったのか否か？　その答えは将来の展開を見ないことにはわからない。

地下鉄サリン事件、阪神・淡路大震災および雲仙普賢岳噴火により、日本の平和ボケがある程度覚醒したことは間違いないと思うが、なお不十分と言うべきであろう。

生かされる教訓——東京都の例

サリン事件当時、32連隊運用訓練幹部として、また「オウム遊撃小隊」の指揮官として、本書にたびたび登場してもらった近藤2尉（本書初版が刊行された二〇〇九年当時は2佐）から、ご寄稿をいただいた。

近藤2佐は最近まで東京都の総合防災部に出向していたが、同2佐によれば、石原知事率いる都の危機管理においてはサリン事件の教訓が生かされているという。以下にそれを紹介したい。

◆「東京都の危機管理に活きる地下鉄サリン事件の教訓」――近藤2佐

「危機管理監」と「総合防災部」を設置

「喉元過ぎれば……」きれいサッパリ忘れることが日本人は得意だ。人類史上初の化学テロであるサリン事件が起きようが、「国家緊急事態基本法」ができるわけでもなく、あれほどのテロリスト集団に「破壊活動防止法」が適用されるわけでもない。「日本がやったのは葬式と裁判だけで、あとは何となく『一過性』で過ぎていった」（二〇〇八年五月三〇日、「テロ防止東京会議」における石原慎太郎東京都知事の発言）のが、日本の悲しい現実なのか……。

そういう石原都知事はさすがにサリン事件の教訓も活用し、東京都の危機管理体制を抜本的に見直した。一期目には様子を見たが、「これはダメだ」と二期目の平成一五年には、全国の自治体に先駆けて「危機管理監」を設置した。

東京都には三〇近い局や本部、委員会が知事の下にぶら下がっている。危機管理監は平時はその一つである総務局に納まっている局長級のポストだが、サリン事件のようなテロも含め、全庁的に対応すべき危機が発生すると知事の直属となり、各局長を飛び越えて全庁を総合調整（指図）する役割を担う。つまり、一元的に危機管理ができる体制を作り上げた。

その危機管理監の下で実務を担うのが「総合防災部」だ。以前は「災害対策部」と呼ばれ、想定していたのが自然災害や、せいぜい大規模な事故だけだったのだ。サリン事件のようなテロへの対応は所掌が決まっていなかった。ましてや対策もなければ訓練もしていなかった。そんなわけで、これではダメだということで、「あらゆる危機に総合的に対応する」ため、「総合防災部」に変わった。「総合防災部」は、今や「武力攻撃災害」を含むテロ、ゲリラ、ミサイル……といった「キナ臭い危機」のすべてに対応する、極めて多忙な部署である。

警察・消防・自衛隊の現職幹部が課長職に

石原都知事の頭には、サリン事件はもちろん、阪神大震災の教訓も強烈にインプットされている。「(兵庫県が) 自衛隊の派遣をもっと早く要請していたら二〇〇〇人の (死ななくてもいい) 命が助かった」というフレーズは、自衛隊との連携の重要性に言及する時に、知事がよく使う「たとえ」だ。

そして、「現役の幹部をよこせ」と防衛庁 (当時) に詰め寄った。かくて陸上自衛隊から現役の2佐が派遣され、危機管理監を補佐することになった。自衛隊のみではない、警視庁からは警視が、東京消防庁からは消防司令長たる幹部職員がそれぞれ課長職として派遣され、三機関の現職幹部が「揃い踏み」で東京都の危機管理を支えている。当然、警察・消防・自衛隊とはツーカーの関係だ。都庁のプロパー職員では「絶対にできない」調整もスンナリとできる。首都・東京には正に必要不可欠な体制であろう。

そして小生はその三代目である。「サリン事件出動部隊の運用訓練幹部」という「看板」を引っさげて (というほどのものではないが……)、東京都総務局の総合防災部に乗り込んだ。

危機管理を担当する課長として、よく部内外の人を前に「話をする機会」がある。その時に必ず言及するのが「生々しいサリン事件の話」だ。「リメンバー・サリン（サリン事件を忘れるな）！」が私のキャッチフレーズだ。そう自らに言い聞かせ、そして都庁の職員にも語りかけて危機管理に当たることにしている。

知事はサリンの教訓を忘れずに組織を変えたが、組織はすでにそれを忘れかけている。事実、東京都としてまとめた「サリン事件の教訓」なるものは「なかなか見つからない」。少なくとも総合防災部には見当たらない。「当時は災害対策部だったので……」とりあえず対応したものの、記録や教訓の整理までは十分にできなかったようだ。唯一、組織の改編という形でその教訓は活かされているとは言えようが……。

「リメンバー・サリン」キャンペーン

「リメンバー・サリン」と、独りで勝手に行なっているキャンペーンの一環として、平成一九年度の「危機管理産業展」（二〇〇七年一〇月、東京ビッグサイトで開催）には「東京都ブース」にサリン事件で活躍する32連隊の写真をパネルにして展示した。「あれから十数年……」というタイトルで、「忘れつつあるあのテロを思い出し、二度とこのようなことが起きないよう対策を強化しなければならない」と啓発しつつ、32連隊の活躍を改めて讃えたつもりだ。

あの時の写真やビデオは「人類史上初の化学テロの映像」として、世界中を駆け巡った。まさにピューリッツァー賞ものの価値ある一級資料だ。広報班として現場に突入した渡邉2曹（当時）とは「あれ（写真、ビデオ）を持って逃げたら（私人として売ったら）、何億も儲けられたかもね」と今でも笑い話をする。実際、「命がけの著作権」だ。それだけの価値はある。

その「アナログのネガ」が32連隊の広報班にひっそりと保管されている。せっかくの機会なのでそのデータをデジタル化して、危機管理産業展終了後、パネルと一緒に32連隊に寄贈させていただいた。

そして二〇年度。東京都は洞爺湖サミットを控えて、テロ警戒を強化した。警備の固い北海道ではなく、「主戦場は東京だ」（警視庁）との認識からだ。平成一七年にイギリスのグレンイーグルスでサミットが行なわれた時は、数百キロ離れた首都ロンドンで同時多発テロが起きている。東京で万一のことがあってはいけないと、再び「リメンバー・サリン！」キャンペーンだ。

五月三〇日。東京都は石原知事が参加し「テロ防止東京会議」を開催。「テロ警戒推進本部」を設置した。「（サリン事件の後）日本がやったのは葬式と裁判だけだ」と石原知事が言ったのは、この時だ。

推進本部には、①都、陸上自衛隊第1師団、警視庁、東京消防庁、区市町村等の行政組織、②町会、商店街、防犯協会等の地域団体、③集客施設や交通・ライフライン等の事業者団体など、官民合わせて一七六団体が参加した。このような官民一体となった体制を構築したのは、「東京都として（国とは違って）サリンの教訓を活かそう」（推進本部幹部）という意思表示だ。

その啓発用ポスターがサリン事件のものだった。「東京」「テロ」といえば「やはりサリンしかない」（東京都高官）ということで、小生が唱えた「リメンバー・サリン！」キャンペーンは東京都の正式オーソライズするところとなり、再び32連隊から写真を借用させていただいた。

さすがに「命がけの著作権」の現場写真は生々しく、訓練写真を配するなどしてイメージを和らげたが、メッセージは十分に伝わってくる。六月中旬以降、都内各所に五万枚が張り出されたので、ご記憶の方もおられるかもしれない。「STOP TERROR-ISM」「この街を　テロから守る　あなたの目」――このポスターをじっと見つめていると思い出すのは、オウムに対する怒りに拳をギュッと握り締めた「あの日」のことだ。

サリン事件の教訓を活かさなかったら、「日本はバカか⁉」と言われるだろう。人類史上初めての化学テロの教訓は、実はアメリカの方が「しっかりまとめている」なんてことは不本意である。少なくとも東京都はこれを活かし、地震にも強い、テロにも強い街作りにいそしんでいることをご報告しておきたい。

【資料1】

「地下鉄サリン事件」の概要

オウムのサリン攻撃（無差別テロ）が都内の地下鉄でどのように行なわれたのかを説明しておきたい。この説明により、私たち自衛隊（第32普通科連隊など）が除染作戦に出動した背景を理解いただけるものと思う。

なお、この説明は、二〇〇四年二月二七日に出された東京地裁での松本智津夫被告に対する判決要旨を引用した。以下「被告人」とあるのは、麻原彰晃こと松本智津夫である。

地下鉄サリン攻撃実施までの経緯

・被告人は村井秀夫らと共謀の上、サリンを生成し、これを発散させて不特定多数の者を殺害する目的で、平成五年一一月ごろから平成六年一二月下旬までの間、山梨県上九一色村の第7サティアンおよび周辺教団施設等において、サリンプラントをほぼ完成させ、さらに、サリン生成に要する原料であるフッ化ナトリウム、イソプロピルアルコール等の化学薬品を調達し、これらをサリンの生成工程に応じて同プラントに投入し、作動させてサリンの生成を企て、殺人の予備をした。

・被告人は、警視庁による強制捜査を避けるため、警視庁に近い帝都高速度交通営団地下鉄霞ケ関駅構内にボツリヌストキシンを噴霧して混乱を起こそうと企て、井上嘉浩らに指示して、平成七年三月一五日に同駅にアタッシェケース型噴霧装置を置いて噴霧させたが、人を殺傷させることができず、その計画は失敗に終わった。

・被告人は同月一八日午前零時過ぎ、都内にある教団経営の飲食店において、井上ら教団幹部約二〇人を集めて食事会を開いた。被告人は「エックス・デーが来るみたいだぞ」などと強制捜査を話題にしていた。

・被告人が車内で、間近に迫っている強制捜査にどのように対応すればいいかについて意見を求めると、村井が阪神大震災が起きたから強制捜査が来なかったと以前被告人が話していたことに言及し、これに相当するほどの事件を引き起こす必要があることを示唆した。被告人が、井上に何かないのかと聞いたところ、井上は、ボツリヌス菌ではなくてサリンであれば失敗しなかったということとなんでしょうかという趣旨の意見を述べ、村井もこれに呼応して地下鉄にサリンをまけばいいんじゃないかと発言し、地下鉄電車内にサリンを散布することを提案した。

・被告人は、首都の地下を走る密閉空間である電車内にサリンを散布するという無差別テロを実行すれば阪神大震災に匹敵する大惨事となり、間近に迫った教団に対する強制捜査もなくなるであろうと考え「それはパニックになるかもしれないなあ」と言ってその提案をいれ、村井に、総指揮を執るよう命じた。

・また、被告人は、リムジン車内で、東京の地下鉄電車内にサリンを散布する無差別大量殺戮計画について、遠藤誠一にはサリンの生成を、井上には現場指揮をそれぞれ指示した。

・村井は、同月一八日午前、第6サティアン三階の自室に呼び集めた林泰男、林郁夫ら四人に被告人からの指示であることをしぐさで示しながら「近く強制捜査がある。騒ぎを起こして強制捜査の矛先をそらすために地下鉄にサリンをまく」と言うと、四人ともそれが被告人の指示によるものと認識した上で、その実行役となることを承諾した。

・村井は「三月二〇日月曜日の通勤時間帯に合わせてやる。対象は、公安警察、検察、裁判所に勤務する者であり、これらの者は霞ケ関駅で降りる。霞ケ関駅の少し手前の駅でサリンを発散させて逃げれば、密閉空間である電車の中にサリンが充満して霞ケ関駅で降りるべき人はそれで死ぬだろう」と言った。
・遠藤は同日午後一一時ごろ、村井に連れられて第6サティアン一階の被告人の部屋を訪れた。被告人は、「ジーヴァカ（遠藤）、サリン造れよ」などと言い、サリンの生成に取り組むよう念を押した。
・村井と井上は、一九日午後一時過ぎ、被告人に運転手役の人選や実行役との組み合わせなどについて指示を仰ぐため、第6サティアン一階の被告人の部屋に行った。被告人は、サリンの生成など犯行の準備が進んでいないことにいらだち、「おまえら、やる気ないみたいだから、今回はやめにしようか。アーナンダ（井上）、どうだ」と聞いた。これに対し、井上と村井が計画を実行する意志の強いことを示したので、被告人は「じゃ、おまえたちに任せる」と言った。

サリン攻撃（無差別テロ）実施の概要
・九五年三月二〇日午前八時ごろ、日比谷線秋葉原駅直前付近を走行中の北千住始発中目黒行き電車内において林泰男がサリン入りビニール袋三個を傘で突き刺し、サリンを発散させ、岩田孝子＝当時（33）＝ほか七人を殺害するとともに、三人にサリン中毒症を負わせた。

・午前八時ごろ、日比谷線恵比寿駅直前付近を走行中の中目黒始発東武動物公園行き電車内において豊田亨がサリン入りビニール袋二個を傘で突き刺し、サリンを発散させ、渡辺春吉＝当時（92）＝を死亡させるとともに、二人にサリン中毒症を負わせた。

・午前七時五九分ごろ、丸ノ内線御茶ノ水駅直前付近を走行中の池袋始発荻窪行き電車内において広瀬健一がサリン入りビニール袋二個を傘で突き刺し、サリンを発散させ、中越辰雄＝当時（54）＝を殺害するとともに、三人にサリン中毒症を負わせた。

・午前八時ごろ、千代田線新御茶ノ水駅直前付近を走行中の我孫子始発代々木上原行き電車内において林郁夫がサリン入りビニール袋二個を傘で突き刺し、サリンを発散させ、高橋一正＝当時（50）＝ほか一人を殺害するとともに、二人にサリン中毒症を負わせた。

・午前八時ごろ、丸ノ内線四ツ谷駅直前付近を走行中の荻窪始発池袋行き電車内において横山真人がサリン入りビニール袋二個を傘で突き刺し、サリンを発散させ、四人にサリン中毒症を負わせた。

サリン攻撃のターゲットと実施要領についての筆者の分析

前述の東京地裁での判決要旨にあるとおり、村井はサリン攻撃の狙い（攻撃目標）と実施要領などについて、「三月二〇日月曜日の通勤時間帯に合わせてやる。対象は、公安警察、検察、裁判所に勤務する者であり、これらの者は霞ケ関駅で降りる。霞ケ関駅の少し手前の駅でサリンを発散させて逃げれば、密閉空間である電車の中にサリンが充満して霞ケ関駅で降りるべき人はそれで死ぬだろう」と述べている。したがって攻撃目標は「公安警察、検察、裁判所に勤務する者」である。そのためには霞ケ関駅でサリン攻撃の最大効果が出るように、同駅の少し手前でサリンの入ったビニール袋を傘で突き刺した後、下車・逃亡すればよい。

犯人たちが、サリン入りのビニール袋を傘で突き刺したタイミングは次の通り。

・日比谷線の林　泰男：午前八時ごろ霞ケ関から九駅前で
・日比谷線の豊田　亨：午前八時ごろ霞ケ関から四駅前
・丸ノ内線の広瀬健一：午前七時五九分ごろ霞ケ関から五駅前
・千代田線の林　郁夫：午前八時ごろ霞ケ関から四駅前
・丸ノ内線の横山真人：午前八時ごろ霞ケ関から三駅前

このサリン散布のタイミングは、例外の一件を除き、村井のサリン攻撃の狙い（攻撃目標）と実施要領などに合致している。

例外の一件とは、二〇日午前八時ごろ、日比谷線秋葉原駅直前付近を走行中の北千住始発中目黒行き電車内において林泰男がサリン入りビニール袋三個を傘で突き刺し、サリンを発散させたものである。

林はなぜ攻撃目標と想定される霞ケ関駅から九駅も手前の秋葉原駅で過早にビニール袋を破裂させたのだろうか。

この挙におよんだ理由は三つ考えられる。第一は、タイミングを間違えた可能性。第二は、周囲の乗客に不信感を持たれていると思いこみ、止むなく早めた可能性。第三は、サリン攻撃目標が霞ケ関ではなく茅場町であった可能性。

私としては、第三の可能性が合理的だと考える。オウムは茅場町にある東京証券取引所に集まる乗客を狙ったのではないか。公安警察、検察、裁判所に勤務する者と同様、日本の経済活動の要点の一つである東京証券取引所に集まる者にダメージを与えれば、そのインパクトは大きなものがあると考えたに違いない。

被害者数についての筆者の評価

科学警察研究所の鑑定結果では、地下鉄サリン事件で使用されたサリンの純度は三五パーセントであったことが報告されている。松本サリン事件で使用されたサリンの純度が七〇パーセントを超えていたという証言があったことから見て、精製されていなかったことは明白である。

前述の東京地裁での判決要旨によれば、遠藤は一八日午後一一時ごろ、麻原から、「ジーヴァカ（遠藤）、サリン造れよ」と言われたが、一九日午後一時過ぎの時点でもサリンの生成が進んでいないかった由。したがって、この時点以降ビニール袋一一個分のサリンを製造しかつ精製するのは不可能だったに違いない。

ちなみに、アメリカの生物・化学兵器テロの権威カイル・オルソン氏も筆者に対し、オウムが製造したサリンは、精製するための時間的余裕がなかったために、純度の低い粗悪品であったと指摘した。オウムによるサリン攻撃の被害者数が、死者一三人、負傷者五千数百人（五八〇〇人以上とされる）に留まったのは、このような理由によるものだろう。

万一、麻原が三月二〇日のサリン攻撃決行を早期に決心し、部下に時間的余裕を持ってサリン製造を指示していれば、オウムは高純度（松本サリン以上が目安）のサリンを獲得していたに違いない。

この高純度のサリンを地下鉄内に散布した場合には、想像もつかないほどの被害が生じた可能性がある。そのような場合は、聖路加病院などの収容能力では間に合わず、患者が緊急手当てを受けないまま死亡する可能性があったかもしれない。また、神経剤（有機リン製剤）の治療薬であるＰＡＭの不足も深刻になっていたことだろう。

こう考えると、今後の神経剤によるテロ攻撃は水際で防止することが絶対条件だと思う。

【資料２】

神経剤とは何か――サリンを中心に

本書を理解しやすくする目的で、地下鉄サリン事件で使用されその殺傷能力がクローズアップされた神経剤について、その代表であるサリンを中心に説明する。

サリンはそもそも軍事用の化学兵器として世界の多くの国で生産・貯蔵されているものである。サリンの製造コストは比較的安価で、「貧者の核」などとも呼ばれている。

すなわち、サリンの威力は水爆並みで、たとえばサリン七トンを東京上空にまき散らせば、山手線の内側は四分間で死の町になり、八〇キロも離れている大月市まで被害が及ぶといわれている。もちろん、サリンなどの化学兵器の効力は、使用当時の気象状況（風向、風速、気温、湿度など）により左右されるのは当然である。

以下の資料は、除染隊長として直接指揮を取ってくれた化学学校教官の中村3佐（当時）からご提供頂いたものである。

化学剤の分類

化学兵器は、①人体の神経組織に作用する神経剤（サリン、タブン、ソマン）、②肺細胞に傷害を与え呼吸困難を引き起こす窒息剤（塩素、ホスゲン等）、③細胞内のミトコンドリアに作用し、細胞内呼吸を阻害することによって死亡させる血液剤（青酸ガス等）、④皮膚をただれさせるびらん剤（マスタード、ルイサイト等）等に分類できる。

この他、⑤人体の正常な行動機能を一時的に阻害する目的で開発された、無能力化剤や暴徒鎮圧剤等がある。

神経剤小史

毒ガスを兵器として用いた例は、はるか紀元前に遡ることができるが、その大量使用の事例は、第一次世界大戦である。

第一次世界大戦（一九一四〜一八年）では約三〇種類の毒性化学物質が戦場に登場し、各国はその対応に奔走した。そのため、第一次世界大戦を「化学戦」と位置づける歴史家も多い。

第一次世界大戦で使用された主な毒性物質は、窒息剤の塩素やホスゲン、びらん剤のマスタード等であり、神経剤（有機リン製剤・リン酸エステル）は登場しなかった。ただし、有機リン製剤・リン酸エステルとしては、第一次世界大戦を遙かに遡る一八五四年にＴＥＰＰ（tetraethyl pyrophosphate）が合成されたが、その毒性については以後八〇年間以上も認識されていなかった。

神経剤の歴史は、第一次世界大戦が終了して一八年後の一九三六年に始まる。一九三六年末、ドイツの化学企業Ｉ・Ｇファルベン社の研究員であったゲルハルト・シュラーダーは、ジャガイモに対する新しい殺虫剤の研究中に殺傷力の非常に強い有機リン系化合物の合成に成功した。彼が開発した新しい有機リン系化合物は、わずか一滴で二〇万匹のダニを全滅させせただけではなく、リン酸エステルに起因する症状をシュラーダー本人にも与えた。

シュラーダーは、この化学物質をドイツ軍化学兵器班に報告した。軍部は、この化学物質の毒性の高さに非常な興味を示し、有機リン製剤の研究プロジェクトを秘密扱いとし、この物質にTrilon-83やLe100等様々な名称を付けた。「タブン」は、敵国を欺くための名称で、〝タブー〟(taboo)から付けられたともされている。

以後、軍部は有機リン系化合物の研究に力を入れることとなり、第二次世界大戦勃発の前年、一九三八年には「サリン」が開発される。

なお、「サリン：SARIN」の名称は、開発に携わった四人の研究者、シュラーダー(Schrader)、アンブロス(Ambros)、ルドリガー(Rudriger)、ファン・デル・リンデ(Van der Linde)にちなむ文字をとって命名された。この時、軍部に提出された報告書では、サリンはタブンの約五倍(別の文献では一〇倍)の毒性があると報告されている。

ドイツ軍の敗北が濃厚となった一九四四年には、さらに毒性の高い「ソマン」が開発された。幸運なことにドイツ軍は、神経剤を戦場において使用することはなかった。

なぜ、ドイツ軍がこれほど毒性の高い神経剤を戦場で使用しなかったのか？　一説によると、連合国の化学兵器による報復を恐れたためとされている。

ドイツの敗北により第二次世界大戦が終結すると、当時神経剤の存在を知らなかった米国とソ連は、ドイツ本国に所在した神経剤の工場、研究に携わった科学者、研究データ等を接収、それらをもとに神経剤の開発・生産を行なった。

一方、同じ戦勝国であったイギリスも戦後に神経剤の研究を進め、一九五二年にインド人化学者ラナジット・ゴーシュが「ＶＸ」と名付けられる神経剤を開発した。ＶＸの毒性は、タブンやサリン、ソマンよりもはるかに高い。ＶＸのデータは米国に渡され、以後、その類似物質であるＶＥやＶＭ、ＶＧが開発された。

神経剤の戦場使用

最初の神経剤の実戦使用はイラン－イラク戦争（一九八〇年九月〜一九八八年八月）とされている。一九八四年二月二一日、イランによるバスラ北方への攻撃に対し、イラクは大量の化学兵器を使用した。イラン側はこれによって二〇〇〇名以上の死傷者を出した。

イランは国連の場においてイラクの化学兵器使用を公表し、これを非難した。また、イランはびらん剤に暴露・負傷した兵士の治療を各国に要請した。日本もこの要請を受け二名の患者を受け入れた経緯がある。この戦いの後、国連の査察員が派遣されて現場の土壌からタブンの分解生成物を検出したことで、イラクによる神経剤の実戦使用が明らかになった。

また、一九八八年八月二五日、イラクはクルド人ゲリラの拠点とされたハラブジャに化学剤爆弾を投下した。主として、青酸とマスタードガスが使用されたが、神経剤のサリンやタブン、VXも投入されたとの報告もある。

一九九一年に発生した湾岸戦争においては、イラクが神経剤などを使用した「前科」に鑑み、多国籍軍はイラクが保有する化学兵器に対する防護のため、膨大な量の防護装備、除染資器材を準備した。

湾岸戦争において化学兵器の使用はなかったものの、実際にイラクが保有していた化学兵器は、その後のUNSCOM（国際連合大量破壊兵器廃棄特別委員会：United Nations Special Commission）の発表によるとサリン、タブンなどの神経剤とびらん剤のマスタードなどであった。UNSCOMによるイラク化学兵器廃棄監視においては自衛隊も専門家を派遣し、監視業務に協力している。

テロリストによるサリンの使用

過去、イラン－イラク戦争のみが神経剤の実戦での使用として記録されているのみであり、テロリストによるサリンの使用例はオウムによる数例の犯行以外にはない。ジュネーブ軍縮会議において化学兵器禁止条約がようやく締結されようとしていた一九九四年六月、長野県松本市において原因不明のガス中毒事案が発生、七名が死亡した。これが「松本サリン事件」である。事件発生当時、原因がサリンと特定されるのに約一週間程度もかかっている。

また、本書のテーマである「地下鉄サリン事件」が一九九五年三月二〇日に発生し、一三名が死亡、五〇〇〇名を超える被害者を出した。

オウムはこの他にも、一九九四年一二月から九五年一月にかけて、神経剤の一種のVX（オウムは「神通」または「神通力」と呼んだ）を用いて、三度にわたり特定個人を襲撃・殺害している。

松本・地下鉄サリン事件は、テロリストがその気になれば化学兵器を合成・使用できることを示した、まさしく世界のテロ対策の概念を根本から覆す前代未聞の事件であった。ちなみに化学兵器禁止条約が発効したのは、一九九五年四月二九日のことである。

余談だが、最近、化学剤による死傷・殺傷事故・事件が急増している。二〇〇八年五月二一日、農薬のクロルピクリンを飲んで自殺を図った男性が、搬送先の熊本赤十字病院救命救急センター（熊本市）で嘔吐して有毒ガスが発生し、医師や患者ら五四人が治療を受けた。また、硫化水素による自殺が急増し、二〇〇八年五月の一ヵ月間だけでも一〇〇件以上に達している。

このように、現在の社会では、人間を殺傷する化学剤を簡単に入手・生成できる環境が生まれており、化学剤によるテロの可能性は、一段と高まりつつあると認識すべきであろう。

サリンの毒性

松本・地下鉄サリン事件で使用されたサリンは、前述のように神経剤の一種であり、化学的には一般的な農薬として過去に使用されたパラチオンや昨今中国毒餃子で有名になったメタミドフォス等と同じリン酸製剤・リン酸エステルの仲間である。

ただし、その毒性は非常に強く、1立方メートル当たりわずか〇・一グラムのサリン蒸気があった場合においても、その場に一分間いた場合、一〇〇人中五〇人は死に至る。また、目薬一滴に相当するサリンが皮膚に付着した場合においても死に至る可能性がある。

このため、その防護方法としては、ガスマスクを装着するのみでは不十分であり、身体への付着を防止する防護装備（衣服タイプ）が必要となる。

サリンの特性を要約すれば、「気化したガスのみならず、液状で身体に付着することも考慮しなければならない非常に厄介な化学剤」（あえて毒ガスではなく化学剤とするのはこの意味が大きい）ということができる。

作用のメカニズム

サリンが生体に作用する仕組みをひと言でいえば、アセチルコリンエステラーゼの活性をなくし、神経伝達物質であるアセチルコリンの過剰分泌を引き起こすことにある。もっと簡単に言えば、サリンは人間の神経が筋肉の収縮をコントロールできないように作用する。

このため、初期症状としては、軽い縮瞳、よだれや涙、鼻水など、中等症以上となると縮瞳のほか、嘔吐、けいれん等が見られ、重篤な状態では心肺停止状態となる。地下鉄サリン事件において「暗い」「目が痛い」等の症状を訴えていたのはサリンに暴露し、縮瞳（瞳孔を収縮させる筋肉が引き攣ったままの状態）を引き起こしていた症状に他ならない。

被害者の治療

サリンなどの神経剤の治療では、まず呼吸管理が重要となる。治療薬としては、拮抗薬としてアトロピンがあり、解毒剤としてPAM（プラリドキシムヨウ化メチル）がある。ただし、時間が経つとPAMの効果はなくなるため、投与は時間との戦いになる。

このように時間の経過によりPAMが効かなくなる現象を「エイジング（老ける、老化するという意味の英語：AGING）」と呼ばれる。エイジングが起きる時間は、サリンでは五時間後、タブンとVXでは四六時間とされているが、ソマンがエイジングを起こす時間は一・三〜二分なので、現実問題としてPAMは「ソマンには無効」であることになる。

神経剤の検知

野外での検知器具としては、現在自衛隊がフランスから導入している携帯式のAP2C化学剤検知器がある。これはノズルの先端から吸入した化学剤を、水素ガスとともに燃焼させ、特定原子の炎光光度を測定する方式で、リンと硫黄の存在を検知できる。

この他、液体の化学剤に接触した場合の色の変化により化学剤を確認する検知紙や、特定の気体に反応して発色する試薬を収めたガス検知管などがある。ちなみに、陸上自衛隊の化学防護車に搭載されているガスサンプラーには、ガス検知管タイプを採用している。

神経剤の除染

サリンなどの神経剤は、加水分解（水と反応して分解すること）しやすく、強いアルカリ性で容易に分解されるので、除染には主にアルカリ性の次亜塩素酸ナトリウムが用いられる。

地下鉄サリン事件では、同じくアルカリ性の水酸化ナトリウム（苛性ソーダとも呼ばれる）の五パーセント溶液が用いられた。サリンは、このほかにもアンモニア水などでも無毒化できる。一般家庭であれば、台所にある「ハイター」によって無毒化できることを付言しておく。

【資料3】

陸上自衛隊の化学科部隊

地下鉄サリン事件で、32連隊とコンビを組んで除染作業にあたった化学科部隊は、本来は陸上自衛隊の国土防衛作戦で化学防護戦を担当し、NBC兵器（N：核兵器、B：生物兵器、C：化学兵器）による攻撃の被害を防ぐという任務・役割を担う。

化学科部隊は、陸上自衛隊の職種（兵科）の中では施設科、通信科等と同様、「戦闘支援職種」であるが、その特殊性から会計科（会計処理、予算執行などを実施）、需品科（給食・入浴業務、燃料・食糧・被服などの調達・補給などを実施）などと共に「非戦闘職種」あるいは「後方支援職種」と同様の扱いであった。いわばマイナーな職種で、普通科（歩兵）、特科（砲兵）、機甲科（戦車）などの「戦闘職種」、あるいは施設科、通信科に比べて目立たない「裏方」的存在であった。

しかし最近では、化学科部隊が地下鉄サリン事件などでクローズアップされたほか、需品科部隊はイラク復興支援における給水支援などで活躍した。衛生科部隊（患者治療、防疫）も同様である。

筆者は、もはや化学科・需品科・衛生科部隊を「後方支援部隊」と呼ぶべきではないと思う。むしろ、「前方任務遂行部隊」と呼ぶのがふさわしい。普通科部隊など、本来戦闘の最前線に立つはずの部隊が、ＰＫＯ活動においては、「前方任務」を遂行する化学・需品・衛生科などの部隊を警備する「後方支援」の役割を担うようになった。

化学科部隊は、第一次世界大戦で登場した毒ガスに対処するため生まれたが、「自衛隊が行動する場面でそれほど頻繁に化学兵器が使われるか」という認識もあり、自衛隊の化学科部隊の規模は一〇〇〇名にも満たないものであった。またわが国では、核や化学に対するアレルギーが強いという背景もあり、部隊の存在をＰＲするのをためらう雰囲気があったように思う。

地下鉄サリン事件直前の一九九五年一月、わが国は化学兵器禁止条約に署名し、近い将来、大宮駐屯地の化学学校は化学兵器禁止機関（ＯＰＣＷ）による厳重な査察を受ける予定になっていた。

この頃はまだ、化学防護の重要性が国民の間に十分に理解されておらず、査察結果が公表されれば大宮市の周辺住民がこれに驚き、化学学校の存在に対し、反対運動が激化することも予想された。

サリン事件は、化学科職種がその真価を国民に理解してもらう契機となった。その後、化学科職種は国民から正当な評価を得られるようになったと思われる。

今日、国内における毒物による事故やテロなどに対処するのはもとより、日・中両国間における戦後処理案件の一つとして、中国における旧帝国陸軍の遺棄化学兵器の処理についても、化学科職種の隊員やOBたちが、さまざまな形で貢献していると聞く。

また、北朝鮮の脅威のシナリオとして、核ミサイルおよび生物兵器のみならず、化学兵器による攻撃が想定されており、陸上自衛隊の化学科部隊の重要性は高まっている。

地下鉄サリン事件で32連隊長（筆者）の指揮下に配属され、共に除染作戦を行なったのは、化学学校第101化学防護隊[*注1]（大宮駐屯地）、第1師団化学防護小隊[*注2]（練馬駐屯地）、第12師団化学防護小隊[*注3]（相馬原駐屯地）の三個部隊である。サリン事件発生当時のこれら部隊の編成は次頁の図のとおり。なお、第101化学防護隊は、化学学校の教育・訓練を支援する部隊でもあったが、現在はこの任務のためには化学教導隊が新たに編成されている。

注１：その後廃止され、現在は中央即応集団隷下に中央特殊武器防護隊として新編。
注２：平成一四年に第１師団化学防護隊に、平成二二年には第一特殊武器防護隊に改編。
注３：現在は第12化学防護隊。

第101化学防護隊

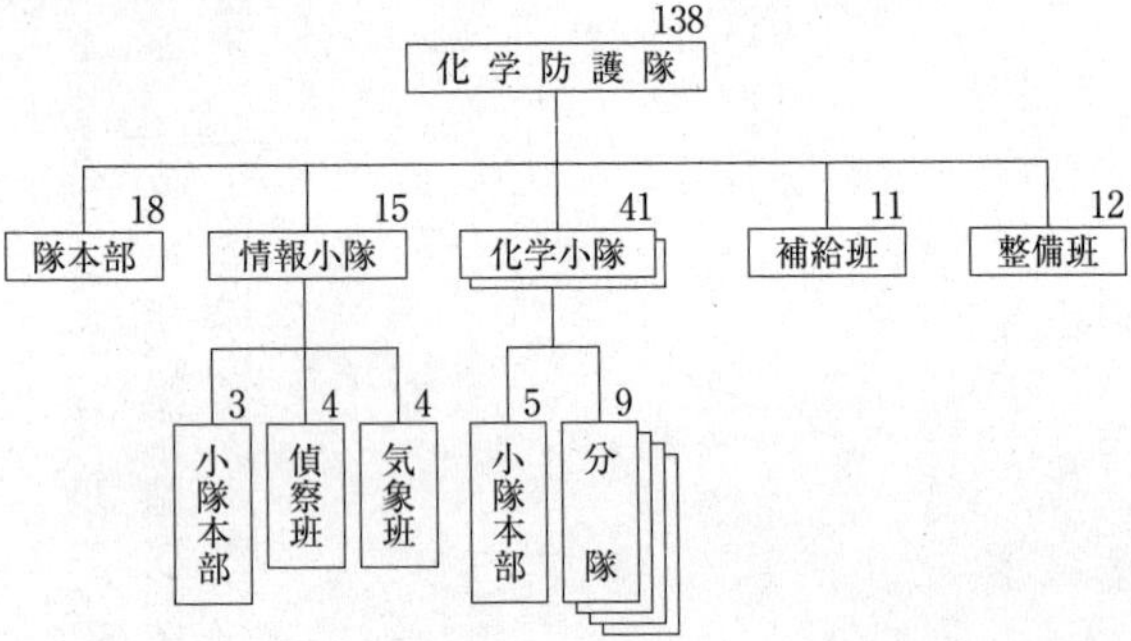

第1師団化学防護小隊

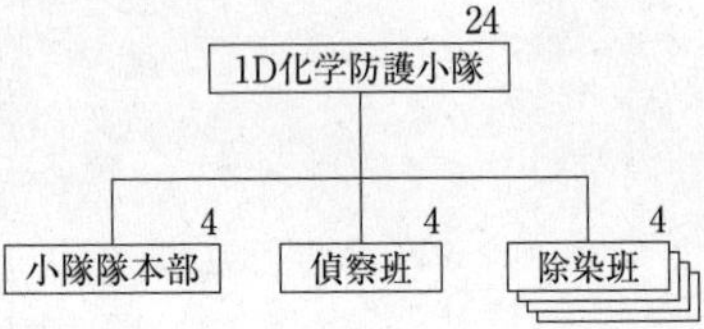

第12師団化学防護小隊

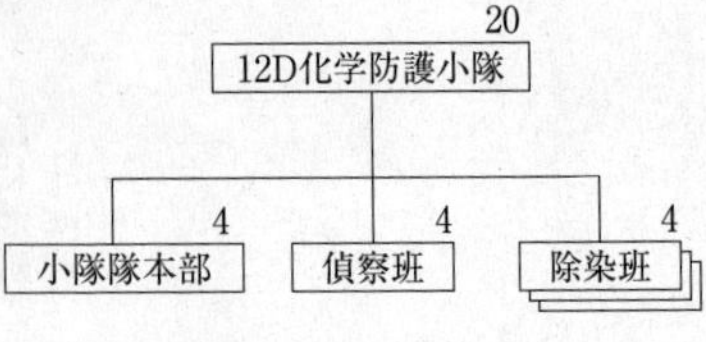

※いずれも1995年3月当時の編成

陸上自衛隊のＮＢＣ防護関連装備品

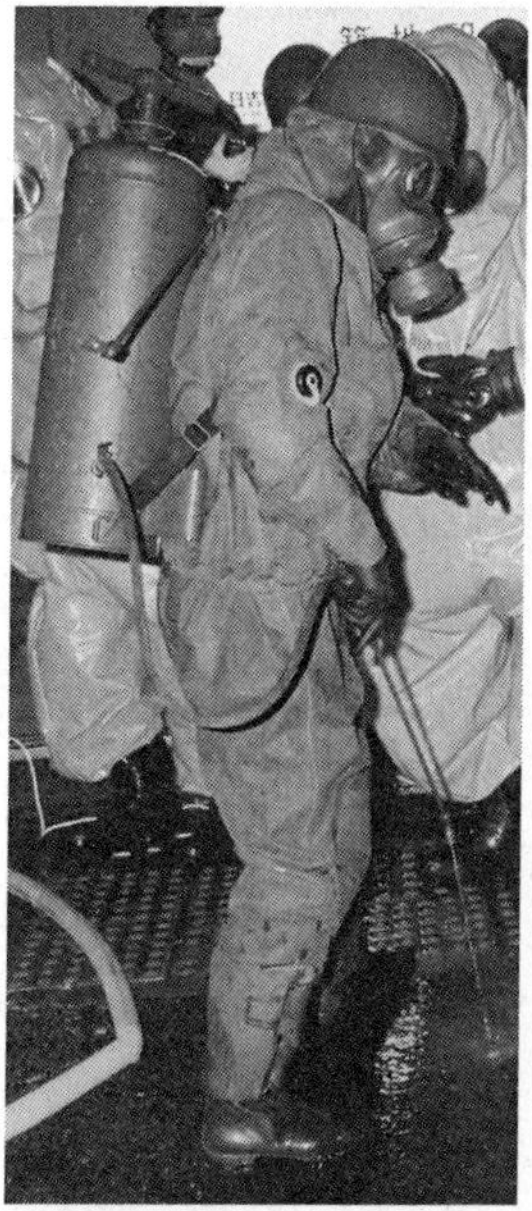

化学防護衣　全備重量約6.6kg。防護マスクと併用、身体を完全に覆い有毒ガス、フォールアウト等による汚染地域の偵察・除染作業時に使用。全部隊に装備

戦闘用防護衣　全備重量約3.8kg。防護マスクと併用して身体を完全に覆い、化学剤、放射性物質、生物剤の身体への付着・浸透を防止する。服本体の素材は、通気性のある繊維状活性炭布積層布を使用。各個人に装備

化学剤検知器AP2C　全備重量約2.0kg。ガス検知器2型の後継として中隊等に装備し、有毒化学剤の種類の確実な識別および安全許容濃度の検知のために使用。フランス製

携帯除染器2型　重量約8.4kg（空）、充てん量約11.5ℓ、常用圧力7kg/㎠。散布能力は戦車または大型トラック1両、平滑地約100㎡。液状の除染剤を噴霧して装備品等を除染するために使用。全部隊に装備、風水害後の防疫消毒等にも各地で活躍している

防護マスク3形　重量約1.3kg。有毒なガス、有毒な微粉を吸入しないよう顔面に装着して人体を保護するもの。吸収体が覆面の両ほほ部に内蔵されている。各個人に装備

防護マスク4形　重量約2.0kg。有毒なガスおよびフォールアウト等を吸入しないよう顔面に装着して人体を保護するもの。吸収缶を覆面中央部に装着、液滴防護のためにフードを装着して使用する。各個人に装備

化学防護車（装輪）　全長約6.1m、全幅約2.5m、地上高約2.4m、全備重量約14.1t、最高速度95km/h、乗員4人、武装12.7mm重機関銃1。車内には空気浄化装置が取り付けられ、装面することなく放射線測定器、ガス検知器等を用い車外の汚染状況を迅速かつ正確に把握することができ、またマニュピレーターにより汚染した試料を採取することができる。化学科部隊に装備されている

除染車3形　3½t トラックのシャーシーに2,500ℓの水槽、除染剤の散布ノズルと加温装置を取り付けたもので、地域、施設などの大規模な除染に使用する。防疫消毒作業でも活躍。化学科部隊に装備されている

参考／「自衛隊装備年鑑」（朝雲新聞社）各年度版

④日比谷線築地駅に到着、防護衣を装着

【資料4】（文庫版増補）

除染隊出動記録ビデオより

＜1995年3月20日撮影＞

地下鉄サリン事件で除染隊として出動した陸上自衛隊第32普通科連隊の広報班が撮影した貴重なビデオ映像

⑤トラックの荷台では除染剤を調製する

①除染隊に出動前の訓示をする福山連隊長

⑥除染器を背負い、築地駅構内に降りる

②化学学校からの派遣幹部を隊員に紹介

⑦ホームに到着。左端は警視庁の警察官

③先導のため市ヶ谷駐屯地に入るパトカー

⑧築地駅に停車中の汚染車両に入る

⑨汚染車両の除染作業

⑩ホームに放水する東京消防庁の隊員

⑪地上で消防庁隊員の防護服を洗浄

⑫後楽園駅の引込線で待機中の隊員

⑬後楽園駅の乗客たちが除染作業を見守る

⑭丸ノ内線車内の除染作業は夜間に及んだ

⑮除染を終え、後楽園駅を後にする隊員

あとがき

私が連隊長を〝卒業〟する一九九五年に日本と自衛隊に二つの激震が走ったが、それに先立つ一九九三年には、私自身も激震に襲われた。それは32連隊長に着任する直前の出来事だった。

私が在韓国防衛駐在官として三年間の任務を終えて帰国した直後、韓国で海軍中佐と日本のマスコミのソウル支局長がスパイ容疑で逮捕され、韓国のメディアは「日本大使館武官福山大領（1佐）によるスパイ事件」と、私が黒幕かのように大々的に報じた。

この「事件」について、ここで詳細を述べる紙幅はないが、いずれにせよ私は職を首になることもなく、無事に32連隊長に着任することになった。ただこの事件は、連隊長勤務の波瀾を予感させる出来事であったような気がしてならない（ちなみに、韓国防衛駐在官時代の情報収集などの話は、拙著『防衛駐在官という任務』（ワニブックスPLUS新書）として出版）。

本書をまとめるに当たって、あらためて「地下鉄サリン事件」を回想してみたとき、自分がいかに「武運」に恵まれていたかに気づかされた。自分と32連隊の行動を振り返ってみると、途中幾度もきわどい場面があったことが分かる。

もし判断を誤り、そのどれかを踏み外していたら、部下たちを危地に陥れていたかもしれず、あるいは自衛隊の面目をつぶすことになっていたかもしれない。そう考えると、一〇数年を経た今でもゾッとする。人間の力を超えた何か「大きな働き」があったとしか思えない。

もうひとつ、私はじつに「人」にも恵まれていた。直接の部下たちや化学科部隊の隊員たちは、事件の最初から最後まで、私の指示を的確に遂行したのみならず、私の言外の希望まで斟酌し体を張って積極的に行動してくれた。いまも感謝の気持で一杯である。

冒頭の「まえがき」で書いたように、私は二〇〇五年三月の自衛官退官後、「出動連隊長としての地下鉄サリン事件覚え書」を書き上げると、六月から約二年間、ハーバード大学アジアセンター上級客員研究員としてアメリカで学ぶ機会を与えていただいた。遊学中、この手記をもとに、いくつかの講話や投稿を試みた。

まず初めに、タフツ大学フレッチャー法律外交大学院に留学中の岡本晋太郎氏からインタビューを受けた。「危機におけるリーダーシップ」というテーマの授業で課せられた課題論文を書くためであった。岡本氏は地下鉄サリン事件における私の指揮について論文をまとめ、「A」の評価をもらったと喜んでくれた。

次に、ハーバード大学公衆衛生大学院の学生約三〇名に「自衛隊から見た地下鉄サリン事件」(主として私のサリン除染作戦体験談)について講義した。これは、同大学院に留学中の小野崎耕平氏が企画した「ジャパン・トリップ」の事前研究の一環として依頼を受けたものだ。アメリカを始め世界各国から集まった医科留学生たちの強い関心を集めた。

ちなみに、彼らはその後二〇〇七年夏に日本を訪れ、サリン事件の現場・霞ケ関駅を見学したり、被害者の救済にあたった聖路加国際病院長の日野原重明先生や地下鉄サリン事件被害者の会の高橋シズヱ代表世話人などから直接話を聞いたようだ。このジャパン・トリップの様子はNHKで放映された。

さらに、ハーバード大学公衆衛生大学院に留学中の永田医師を通じ要請を受け、ボストン市内のマサチューセッツ総合病院に勤務するポール・ビリンガー医師から直接私の体験談をインタビューされた。

彼らアメリカ医学関係者の関心は、鳥インフルエンザなどのパンデミック（ある感染症や伝染病が世界的に流行することを表わす用語で、日本語に訳すと感染爆発や汎発流行にあたる）も含め、アメリカで地下鉄サリン事件のような毒物による無差別テロなどで患者が大量に発生した場合、それぞれの病院などで、これをいかに効果的に治療するか――という点にあった。これは、わが国では忘れられがちな視点ではないだろうか。

また、手記を『週刊新潮』誌（二〇〇六年三月二三日号）に寄稿した他、地下鉄サリン事件被害者の会編の『私にとっての地下鉄サリン事件――五四人の声』（非売品）に収載され、さらには、『軍事研究』誌（二〇〇八年新年号）への掲載と続いた。

今回、光人社から単行本として上梓することになったのは、前述の「軍事研究」誌の記事に目を止められた光人社の坂梨誠司氏が同社ＯＢの軍事ジャーナリスト・菊池征男氏を通じ私に執筆を勧めてくれたからである。菊池氏とは、筆者が陸上幕僚監部広報室勤務（一九八六～八八年）の頃から親しくお付き合いさせて頂いている間柄である。

手記を基に単行本にまとめ直すにあたっては、私の記憶だけでは不正確なので、地下鉄サリン事件に共に立ち向かった当時の部下達（キーポスト）などから、手記を書いていただいた。また、表の作成などの苦手な筆者は、山田洋行社の若菜志保様からもお手伝い頂いた。原稿の執筆にあたっては、私にとって処女作で、執筆にいささか不安もあったが、光人社の坂梨氏に終始適切なアドバイスと激励を頂き、完成することができた。お世話になった方々に改めて感謝を捧げたい。

陸上自衛隊の普通科連隊は、国家・国民が危急の際、身を挺して行動する戦闘単位部隊である。私にとって連隊長を務めさせて頂いた第32普通科連隊は、ひとしお思い入れの深い部隊である。私の誇りであるこの連隊の歴史の記録として、ささやかながら本書を世に出すことができたことは、何よりの喜びである。

昨年、ついに「オウム真理教犯罪被害者救済法」が成立し、年末から施行された。長い歳月の後に被害者の会の高橋代表世話人などのひたむきな努力の成果として、犠牲者の遺族、後遺症に苦しむ人々に、ようやく国家救済の道が開かれたのである。事件で犠牲になられた方々に謹んで哀悼の意を表したい。

二〇〇九年三月二〇日

＊本書に掲載の写真は特記したもの以外、陸上自衛隊提供

地下鉄サリン事件から三〇年――産経NF文庫版刊行にあたって

「光陰矢の如し」というが、地下鉄サリン事件の日から、アッと言う間に三〇年も経ってしまった。当時ゴルフに興じていた私は、〝地下鉄事故〟という当直幹部の報告が事件に関する最初の情報だった。その後、第32普通科連隊長の私に除染任務が付与されるという確証もないまま、まるで神の啓示に従うかのようにゴルフ場から市ヶ谷駐屯地に車で駆け付けた。

その後の展開は本書で記した通りであるが、化学兵器による無差別テロ対処――除染作戦――という前代未聞の任務に取り組んだ。

三〇年過ぎた今日でも、怒涛の勢いで過ぎ去った僅か二日足らずの除染作戦の一コマ一コマが頭の中で去来するが、記憶の鮮明度は、歳を重ねるごとに霞の向うに遠ざかって行くような気がする。

事件当時、若手幹部の近藤力也2尉（3科運用訓練幹部、当時二九歳）は、昨年（二〇二四年）退官し、今年は還暦を迎える。

私も喜寿を過ぎ、今夏には七八歳になる。私とともに除染作戦に取り組んだ当時の第32普通科連隊のつわもの達のほとんどが、陸上自衛隊を退いてしまった。

そんなつわもの達の一人に、当時連隊本部3科（作戦・運用の幕僚組織）の運用訓練幹部の清水剛1尉（当時）がいる。陸曹時代、全陸上自衛隊の銃剣道選手権大会で五度も優勝した猛者だ。柔道でも抜群の技量を持ち、モスクワ五輪（結果的には不参加となった）では中量級の補欠だった。彼は、私が奉職していた会社に入社し、執行役員を務め、社史始まって以来の営業成績を収め、同社の業績向上に著しい貢献をしている。

清水氏と私とは格別深いご縁がある。清水氏は32連隊の後に、富士教導団長時代にも普通科教導連隊第2中隊長として、私に仕えて頂いた。残念ながら、『地下鉄サリン事件戦記』の初版本の中に、清水剛1尉の業績を書き記す機会を逸した。そのことは、私にとっては心残りだった。そんなわけで、私は、今回のNF文庫・新装版『「地下鉄サリン事件」自衛隊戦記』出版の機会に、以下に清水1尉（当時）の回想録をしっかりと書き記しておきたい。

「私は平成七年三月二三日付で防衛大学校指導教官の内示を受けていた為、三月一八日（土）から二二日（水）まで引っ越し等のため、休暇をもらっていた。（二三日は離任行事のため出勤予定）

地下鉄サリン事件を担任した連隊の作戦参謀としての心残りは、転属で有ったため止むを得なかったとはいえ、最後まで任務を完遂できなかった事と治安出動命令で起案できなかった事だ。以下往時を振り返り、命令起案に焦点を当てて回想したいと思う。

忙しく引っ越し準備をしていた三月二〇日（月）朝、テレビの速報で地下鉄においてて事件が起こったことを知った。当然の事ながら、我が市ヶ谷連隊の管轄範囲内で事件が起こっていることに鑑み、引っ越し準備は家内に任せて急いで市ヶ谷駐屯地に向かった。出発直前には、私と同じ3科所属で運用訓練幹部の近藤2尉（当時）からも『非常呼集』の電話がかかってきた。

急いで市ヶ谷の連隊に登庁し逐次に入る情報（テレビ等）からただ事ではない事を察知し、近藤2尉とともに連隊長が部隊に到着する前までに作戦室の準備・部隊に対する非常呼集（既に近藤2尉が着手）、部隊派遣要領の検討、装備・車両の配分等の計画（案）を起案した。

第32普通科連隊治安出動命令

1　状　況

　地下鉄丸の内線、日比谷線、千代田線において毒ガスらしきものが散布され、多くの犠牲者が出ている模様。

2　方　針

　連隊は別紙「治安出動計画」（以下「計画」と言う）に基づき治安出動を実施する。

3　各中隊長は別紙「計画」に基づき治安出動せよ。

4　第4科長は必要な資器材を差し出し各中隊に配分せよ。

5　細部については第3科長に指示させる。

第32普通科連隊長
1等陸佐　福山　隆

　連隊長と3科長などが登庁後、それまでの一連の状況を説明、爾後の指針を仰いだのち、私は運用訓練幹部の先任幹部としてサリン事件対処作戦計画の起案を開始した。

　通常、演習等を実施する際の命令は『第〇次演習に関する第32普通科連隊一般命令』と題して起案する。命令起案の冒頭で、私は、如何なる命令にすべきかと迷った。そして行き付いた結論が『治安出動命令』であった。なぜなら、命令起案の頃になると、テレビ等から流れる情報では、原因が毒ガス（サリン？）である事が次第に明らかになってきたからだった。これは災害派遣では無い。『故意の殺人・テロなのだ』、と思った。私は『第32普通科連隊治安出動命令』と題して上のような文案を起案した。

概ねこのような内容であったと記憶している。しかし、ここで指導が入った。『治安出動』では良くない。『一般命令』せめて『災害派遣命令』にせよ、と言うのである。私は3科長の岡田3佐と連隊長に食って掛かった『どう考えても治安出動でしょう。おかしい……』と。

『どのような命令の形態にせよ、自衛隊が出動することに変わりがないのだからどうでもいいではないか』いう周りの声もあったが、私は『これはテロである。必ず後世にも残る。自衛隊が創隊以来、初めての治安維持のための出動である』との思いが強かった。結論から言えば私の意見は陸幕・方面から却下され、連隊は災害派遣の場合の『行災命』で未曾有の事件に出動した。

夜になって、連隊長から呼ばれた。『清水1尉、君は3日後防衛大学校に転属だ。この作戦は長くなるかもしれない。帰って引っ越し準備に専念せよ』と言われた。私は『最後までやらせてください』と懇願したが、『初動がうまくいったから大丈夫だ』と言われ止む無くその任から離れた。

その後の経過はご承知の通りで、未曾有のテロ事件は教祖逮捕で幕を閉じた。往時を振り返り、命令についての自分の意見は間違っていなかったと思うが、『抜かずの宝刀』として『治安出動』に踏み切らなかった防衛庁・陸幕の判断も正しかったと思う。地下鉄サリン事件の解決に作戦の初段階で携わることが出来たことは、三六年間の自衛隊生活において誇れる思い出である」

地下鉄サリン事件から三〇年経った今日、自然災害の脅威も安全保障上（外敵）の脅威も圧倒的に高まっている。

海洋研究開発機構は、地球温暖化により台風がますます激甚化すると予測している。具体的には、二一世紀末には、①強い台風は現在に比べておよそ六・六パーセント増加する、②台風に伴う降水量は一一・八パーセント増加する、③強風域の半径は一〇・九パーセント程度拡大する――という。

近年、次々と発生する積乱雲が列をなし、線状に伸びた地域に大雨を降らせる線状降水帯が、二〇一四年の広島県での集中豪雨から注目されるようになった。当時、広島市では一時間降水量一〇一ミリという猛烈な雨が降り、安佐南区などでは土砂災害が発生し、死者七七人、住家全壊一七九棟を出す被害となった。

最近の例では、二〇二四年には、石川県能登半島で能登豪雨が発生した。能登豪雨は、台風一四号から変わった温帯低気圧、および活発な秋雨前線や線状降水帯などの影響で、記録的な豪雨となった。奥能登地域を中心に河川の氾濫、土砂災害が多発し、一六人が死亡した。

地球の温暖化は、風水害のみならず「地震の発生率の増加や激化に繋がる」と、カナダ・ビクトリア大学の地震学者であるジョン・キャシディ氏は主張している。キャシディ氏はそのメカニズムを次のように説明している。

〈気候変動が地震を引き起こすのは、温暖化によって氷河が融解すると、氷河の下にあった陸地が隆起するからです。その原理は、プールで遊ぶ子どもがビート板を水面下に押し込んでから離すのに似ています。ビート板は上から押さえつけられている間は水中にとどまりますが、その圧力から解放されると水面に向かって急浮上します。同様に、氷河の急激な融解によって大きな圧力差が発生すると、それまで休眠状態にあった断層が突然動き、これが大地震の発生につながるというわけです。〉

我が国では巨大地震として、南海トラフ巨大地震が懸念され、その発生確率は、二〇二五年一月現在で「今後三〇年以内に八〇パーセント程度」とされる。南海トラフ巨大地震は、静岡県の駿河湾から九州東方沖まで続く深さ約四〇〇〇メートルの海底のくぼみ「南海トラフ」で発生することが想定される巨大地震である。発生すれば、太平洋沿岸を強い揺れと津波が襲い、最悪の場合、死者が約三二万人に上ると見積もられている。

二〇二四年八月八日にはマグニチュード七・一の日向灘地震が発生した。これにちなんで、気象庁は南海トラフ巨大地震の想定震源域では大規模地震が発生する可能性がふだんと比べて高まっているとして臨時情報を出し、注意を呼びかけた。

このように、地下鉄サリン事件以降、我が国では、自然災害（台風・地震）の頻度の増加と激甚化が懸念される事態となっている。

石破総理は、このような自然災害に対処するため二〇二六年度中に「防災庁」を創設し、専任の閣僚を置いた上で「防災省」への昇格を検討するとの構想を提示している。石破総理は、「防災庁」の設置に向け、二〇二五年度の当初予算案で、内閣府の防災関連予算として約一四六億円を計上した。二〇二四年度当初比で約七三億円増え、定員も現在の一一〇人から二二〇人に拡充し、二〇二六年度までの防災庁設置に向け、体制の強化を目指している。

阪神淡路大震災では、兵庫県からの出動要請が遅れたにも拘わらず、「自衛隊の出動が遅かった」との批判が出た。私は、テレビで、中部方面総監の松島陸将（当時）

が悔し泣きするのを見て、「自分は出動要請がなくても、独断で出動する。処罰されても構わない。それが、国民の生命財産を守るためなら」と心に決めた。

災害出動にせよ、防衛出動にせよ、現場で事態に直面する自衛隊指揮官は重大な決断を迫られる。災害派遣においては迅速な出動が「正解」であろうが、防衛出動においては「積極果断」な対応が「正解」とは限らない、と私は考える。

今日、沖縄県・尖閣諸島周辺の海空域における中国の挑発がエスカレートしている。海上自衛隊艦艇の艦長や航空自衛隊戦闘機のパイロットは中国軍の予期せぬ挑発事態に、瞬間的に決断を迫られる恐れがある。

自衛隊では、不測事態対処について部隊行動基準（ＲＯＥ）があったが、曖昧な部分が多く、領空侵犯での対処基準などはパイロットの裁量によるところが多かったが、刑法との兼ね合いから、過剰防衛による刑事罰等を恐れたパイロットが武器使用判断を迷った場合、適正な対処がとれずに被弾・被撃墜に至る心配があった。

二〇〇六年、防衛庁はＲＯＥを改定し、自衛隊法第九五条に定められた「武器等の防護のための武器の使用」を根拠として、武器の使用を明確に任務とすることを決定した。これにより、自衛隊員が必要な時にためらわずに武器を用いることができるようになり、かつ、現場の自衛官が余計な政治的判断を迫られずに済むようになると期待されている。

だが、この問題は、ＲＯＥ改定だけで済む簡単な問題ではない。ノモンハン事件では関東軍作戦参謀の辻政信少佐が起案した「満ソ国境紛争処理要綱」（一九三九年）が布告された。これによれば、「国境線が明確に決定されていなかった地点において、現地司令官が自主的に国境線を認定し、衝突が発生した際には兵力の多寡に関わらず必勝を期す」ことや「万一侵されたら機を失せず膺懲《ようちょう》する」などの記述があり、モンゴル軍のハルハ河以東への進出に対し積極的に攻撃する根拠となった。その結果は、歴史の示すところである。

防衛に関わる事態では、艦長やパイロットは、積極果敢・勇猛進取であることが「良い」とは限らない。それが災いとなって、戦争にエスカレートし、国家的な人的・物的な大損害をもたらす可能性も秘めていることを、心の戒めにすべきであろう。このことは、事件から三〇年を経て、喜寿を越えた私が到達した感懐である。

二〇二四年九月には、韓国化学テロ対応専門家のワークショップに招聘され、地下鉄サリン事件の体験談を韓国語で講演する機会を頂いた。講演後は質問攻めで、関係者の関心が高いことを実感した。

最後に、本書の意義について述べたい。本書の最大の特徴は、地下鉄サリン事件についての「一次史料」であることだ。歴史研究を行なう上で文献史料の有効性・信頼度（信憑性）の目安となるものは、その史料を「いつ」「どこで」「だれが」書いたかの三要素であり、その三要素を充たしたものを「一次史料」と呼び、そうでないものを「二次史料」と呼んでいる。地下鉄サリン事件については、村上春樹氏の『アンダーグラウンド』（講談社文庫）や麻生幾氏の『極秘捜査』（文春文庫）などがあるが、これらは伝聞に基づくものである。

地下鉄サリン事件は、大都市で一般市民に対して化学兵器が使用された史上初の無差別テロ事件であった。このことに鑑みれば、政府・防衛省は本来「公刊戦史」をまとめ、後世に残すべきであろうが、残念ながらそのような作業はなされなかった。本書は、ささやかながら〝除染作戦〟の当事者たる隊員達が書いたものであるが、その価値は時日を経ても色褪せることなく、地下鉄サリン事件が五〇周年を迎えても、一〇〇周年記念を迎えても、人々に読み継がれる〝長い生命〟を持つ資料＝歴史的書籍になるに違いない。

二〇二五年二月

福山　隆

【特別掲載】

地下鉄サリン事件の現場で——最初に現場に入ったカメラマンの手記

芹沢伸生（当時・産経新聞写真部記者、現福島支局長）

偶然入った第一報

平成七年三月二〇日朝、私は「二信組事件」と呼ばれた不正融資事件の関連取材で、東京都港区虎ノ門の国道一号線の歩道にいた。この日は経営破綻した信用組合の不良資産処理のため設立された東京共同銀行の開業日。産経新聞東京本社編集局写真部（現・写真報道局）の写真記者（カメラマン）だった私は、営業初日を迎えた同銀行本店前で取材をしていた。現場は営団地下鉄（現・東京メトロ）日比谷線・神谷町駅の近くだった。

この年は、年明けの一月一七日に阪神淡路大震災が発生。東京本社勤務の私も応援取材に出向き、長期出張から戻って久しぶりに本社に出勤したのが三月一九日だった。

この日は午後二時出社の泊まり勤務。写真部の宿直は翌日午後二時までの二四時間勤務だった。

泊まり明けの朝七時、本社からハイヤーで虎ノ門へ向かった。午前八時前には本店前に新聞や通信社、テレビ局など、大勢の記者やカメラマンらが詰めかけ、出勤する行員に話を聞き、その状況を撮影するなどしていた。通勤時間帯で歩道を行き交う人も多かった。

午前八時二〇分頃、私の横に男性が一人、立ち止まり耳打ちした。

「この真下が大変だ」

サラリーマン風の男性は、人差し指で地面を差しながら話すと、足早に去っていった。一瞬の出来事で、何が起きているのか聞き返す時間もなかった。

「地下鉄で何かあったのかな？」

この時、私は「産経新聞」の腕章を付けニコンのカメラを二台、両肩から下げていた。男性が私を報道関係者と知って、ささやいたのは間違いない。その場には何十人ものマスコミ関係者がいた。なぜ、私だったのか、事件発生から三〇年が経つ今でも謎だ。

これが、私に入った「地下鉄サリン事件」の第一報だった。

地下ホームの凄惨な光景

この時点で周囲にパトカーや救急車などは見当たらず、サイレンの音も聞こえない。

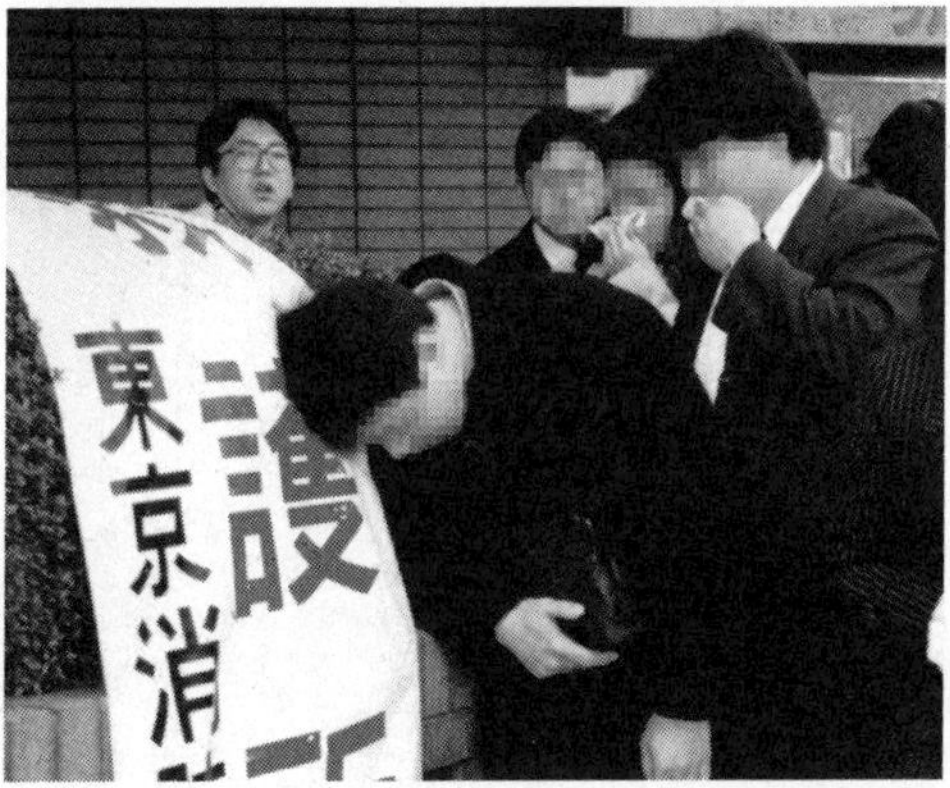

地下鉄サリン事件の現場を取材し日比谷線神谷町駅から出てきた瞬間の筆者（左上）。同僚が偶然撮っていた。2度目の現場取材を試みた直後と思われる（画像を一部加工）

地下の異変を知らせるものはひとつもなかった。何も知らされていない報道陣は行員の取材を続けている。

「一応、見てみるか…」。せっかく、もらった情報だ。少し躊躇したが地下に降りてみようと日比谷線の入口に向かった。神谷町駅の入り口から急ぎ足で階段を降りた。自動券売機があるフロアに着くと、おかしな場面に出くわした。コート姿の若い女性が三人、うずくまっていた。不思議に思って近づくと、全員、頭や目に手をやり泣きじゃくっていた。

「どうしたんですか?」。驚いて尋ねる

私に、女性たちは何か言おうとしていたが言葉にならなかった。目は真っ赤に充血していた。全身に緊張が走る。「とにかく、ホームだ」。改札へ急いだ。駅員がいたかは覚えていない。ホームへ通じる階段を駆け下りると、信じられない光景が目に飛び込んできた。

ホーム上に倒れたり、うずくまる大勢の人、人、人……。

両手を左右に伸ばし「大の字」になって仰向けに倒れた高齢の男性は、意識がなく口を半開きにしたままピクリとも動かない。男性の横で心配そうに見守る若いサラリーマンも、ハンカチで口を抑え苦しそうにしていた。

少し離れた場所では、うつぶせに倒れたコート姿のサラリーマンが、波打つように大きく痙攣していた。男性に意識はなかった。釣り上げた魚が飛び跳ねるように、もがき苦しみながらも、一切、悲鳴やうめき声を発していないことが不気味で怖かった。

この状況は今も鮮明に覚えている。

「何が起きたんだ……」。何も分からないまま、無我夢中で何枚かシャッターを切った。ホームには日比谷線の列車が止まっていた。この時、現場には酸のような臭いが漂っていた。白黒写真の定着液の臭いに似ていた気がする。異様な状況と変な臭い。危険な場所に足を踏み入れてしまったのは間違いなかった。「自分の身も危ない。この場にいたら命に関わる」と直感した。

写真記者としては、腰を据えて撮影すべき大ニュースかもしれないが、この時は「一刻も早くこの場から逃れないと」との意識が勝っていた。ホームには「危ないから（ホームから）離れて！」という駅員の絶叫も響いていた。急いで階段を駆け上がった。ここまで、ホームに降りてから、せいぜい二分程度だったのではないか。

「もう一度、中に入れるか？」

改札口を出て公衆電話に飛びついた。まだ、携帯電話が普及する前だった。はやる気持ちを抑えながら受話器を取り、写真部デスク席に電話をかけた。出たのは一緒に宿直勤務をしているWデスク。事件や事故の一報が入った時、いつも冷静に判断し的確な指示を出すため、信頼が厚い上司だった。

「日比谷線の神谷町駅が大変です。人が大勢倒れています。何が起きたのか分かりません。まだ、救急隊も警察も来ていません」。多分、こんな風に告げたはずだ。

Wデスクは「分かった。フィルムをすぐ本社に送って。ほかにも『地下鉄で爆発』などの情報があり現場に人を出している」と落ち着いた口調で話し、「もう一度、中に入れるかな？」と付け加えた。

「……分かりました」。少しためらいながら答えた。正直、怖かったが仕方なかった。地上で待機していたバイク便の男性に撮影済みのフィルムを託した。

この頃になると、救急車やパトカーが続々と到着し、神谷町駅周辺の道路は騒然としていた。再び地下の改札口に降りると大混乱に陥っていた。助けを求めて懸命に階段を上がってくる人。症状が軽い人は見知らぬ人に肩を貸すなどしていた。

銀行前にいた報道陣の一部も異変を察知し、神谷町駅に移動していた。改札を通ろうとしたとき大きな声が聞こえた。「危険だ。地上に出て！」「ホームには下りないで」。声の主が誰だったのかは分からない。私は無理して再度ホームへ降りることはやめて、地上に逃れた人たちの取材に切り替えた。

地下から出られて正直、ホッとした。

地上はもがき苦しむ人であふれていた。サイレンを鳴らし続々と到着する救急車。地下鉄の入り口付近にはブルーシートが敷き詰められ、即席の「救護所」になった。そこでは、数えきれない人が座り込み目や鼻を抑えていた。泣きながら苦しさを訴える人も大勢いた。横になって動けない人には毛布がかけられていった。

こんな一大事に「こんなに救急車ってあるんだ……」と、変なことに驚いている自分がいた。それほど、多くの救急車が駆け付けていたが、救急搬送する人の方がはるかに多く、トラックの荷台に乗せられ運ばれていく人たちもいた。見たこともない大混乱の現場だった。

死の恐怖

午前一〇時頃、公衆電話から社会部に電話をかけ、現場の惨状を伝える雑観原稿を四〇行ほど送った。頭の中で構成した文章を電話口の記者に書き取ってもらった。この頃から何となく息苦しさを感じ、目にも違和感が生じていた。

デスクの指示を受け帰社する車内で衝撃的な出来事があった。午前一一時から行なわれた緊急記者会見で、警視庁捜査一課長が中毒症状の原因物質について「サリンの可能性が極めて強い」と言明したのを生放送で聞いたのだ。それがラジオだったのか、テレビの音声だったのかは覚えていない。

「毒ガスを吸ってしまった……」

後頭部をハンマーで不意打ちされたようなショックだった。

サリンの恐ろしさは、この前年の六月に起きた松本サリン事件の報道で知っていた。リアルに「死の恐怖」を感じた。

この恐怖は本社に着いて車を降りた瞬間、さらに増幅した。天気がいいのに視界が暗く、普段の明るさがなかったのだ。この日乗っていたハイヤーは、あまり乗ったことがないトヨタの高級車「セルシオ」だったことを鮮明に覚えている。なぜなら、後部座席で「いい車はスモークガラスで景色がこんなに暗く見えるんだ……」と能天気に考え、視覚の異常に気付かなかったからだ。

この時の視界は写真に例えると〝露出不足〟。いい天気なのに空を見上げても暗く、建物の中に入ると一層、暗くなった。

「ご苦労さん。体は大丈夫か？」。現場から戻った私に、写真部長が声をかけてきた。

「いや、目の前が暗くて……」。力なく答えると、部長の表情が凍り付いた。後から聞いた話だが、この時、私は懸命に目を見開こうと、変な表情をしていたらしい。

「すぐ診療所に行け！」。部長の指示で会社の診療所に向かった。話を聞いた人事部長も診療所に駆け付け「大丈夫か？」と心配してくれた。事件記者出身で滅多なことでは動じない、かつての〝鬼上司〟。そんな人の慌てた顔を見て不安が増した。

「何だこれ……」。私の瞳を診察した際、瞬時に曇った医師の表情が忘れられない。

「縮瞳」と診断され一刻も早く港区西新橋の慈恵医大付属病院に行くよう指示された。縮瞳は目の瞳孔が小さくなり周囲が暗く見える状態で、サリン中毒の典型的な症状だった。

筆者撮影の地下鉄サリン事件の写真はロイター通信経由でワシントンポストやニューヨークタイムズでも掲載された。サンケイスポーツ（右上）は現場写真とルポ原稿に加え筆者の顔写真まで掲載する異例の紙面に

大混乱の大学病院で

慈恵医大病院はサリンを吸った人が数百人単位で受診に訪れ、大混乱に陥っていた。症状が比較的軽い患者の受け付けは大学ノートに名前を書くだけ。窓口で対応できる数ではなかった。病院では厚く大きなビニール袋を渡された。衣類に付着したサリンで二次被害が出ないよう上着を入れるためだった。取材中着ていた上着を丸めて入れた。

廊下でしばらく待つと採血が行なわれた。サリン中毒の症状は血中のコリンエステラーゼの数値で判断する。正常値と比べ一定以上低いと「サリン中毒」。数字が小さいほど重症になる。臨時の待合室になった広い階段教室で検査結果が出るのを待った。

この時間が長かった。「一体、自分はどうなるのか……」。薄暗い世界を見ながら考えた。楽観的なことは何も考えられなかった。「重症だったらどうしよう、ひょっとして死ぬかも……」。こんなことばかり考えていた。家族のことも頭に浮かんだ。長男はやっと二歳五ヵ月になったばかり。「長い神戸の被災地取材から帰ったばかりで、大して遊んであげてもいないのに」。色々なことが頭をよぎる。

しばらくして名前を呼ばれた。祈るような気持ちで診断を聞いた。結果は「軽症」。亡くなった方や重症の方には申し訳ないが、心の底からホッとした。「とりあえず、様子をみましょう。何かあったら受診して下さい」との説明を受け、目薬を処方され会社に戻った。

この時はまだ、一生懸命息を吸っても足りないような息苦しさや縮瞳が続いていた。会社に帰ると、大勢の人が見舞いの言葉をかけてくれた。編集局長もねぎらいにきてくれた。夕方近くになっていた。

この日、産経新聞では私の他にも早い段階で日比谷線・八丁堀駅（東京都中央区）のホームを撮影した写真記者がいて、夕刊の早版（締め切り時間が早い地方に配る新聞）から、凄惨な現場の写真が一面や社会面に大きく掲載され、写真グラフまで展開していた。ホームの取材が全くできていない社が複数あり、紙面的に大きな差が付いたと聞き、現場対応がうまくいったことに安どした。

ただ、この日、私が事件発生直後の神谷町駅の地下で撮影した写真は、わずか一〇数枚。当時はフィルム写真の時代だったが、カラーフィルムは三六枚撮りでプロであれば最低三本、一〇〇枚程度撮るのが普通だろう。写真記者としてはありえない数だった。完全に「失格」の烙印を押される数だった。ただ、これは本能的に感じた「命の危険」を優先した結果で、今でも正しい判断だったと信じている。

「朝刊社会面原稿よろしく！」

この日の夕刊作りはうまくいったが、全く喜べないスタッフもいた。私と一緒に泊まり明けの朝を迎え、夕刊デスクとして地下鉄サリン事件の写真取材を指揮したWデスクだ。私が地下鉄ホームの惨状を報告した際、もう一度入るよう指示したことをひどく後悔していた。Wデスクは、帰社した私の顔を見るなり「本当に申し訳なかった」と何度も頭を下げた。

何が起きたか分からない状況でのデスク指示。仕方がないことで、私は何とも思っていなかった。しかし、局長まで務めたWデスクは、その後、何年たっても地下鉄サ

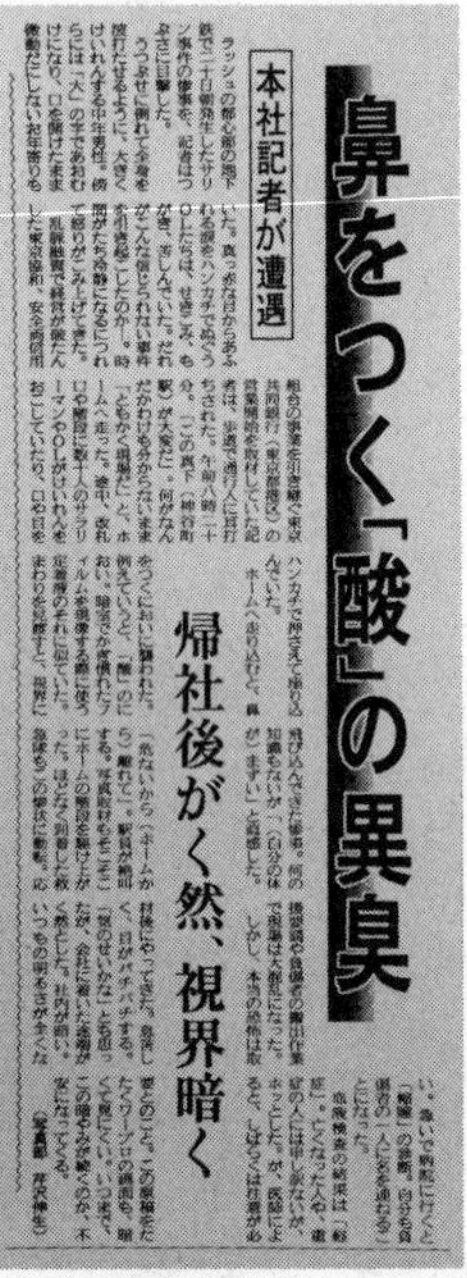

鼻をつく「酸」の異臭

本社記者が遭遇

帰社後がく然、視界暗く

産経新聞朝刊社会面に載った現場ルポ。サリンにやられ視界が暗い中で打った原稿だ

リン事件の話題になると「あの時は申し訳ないことをした」と言い続けていた。

薄暗く見える夕刊に目を通しながら残念なことにも気付いた。前代未聞の同時多発テロのニュースだったため原稿が大量に出稿され、現場から送った私の雑感原稿は掲載されていなかった。簡単にいうと「ボツ」だった。

このタイミングで社会部のYデスクが写真部にやってきた。普段から、よく会話を交わす先輩だった。「芹沢、大変だったな。大丈夫か？」。いつもの声が響いた。「はい、何とか……」。照れながら答えた。この頃になると、少しだけ意識が前向きになっていた。

「本当に大丈夫か？」。もう一度聞かれた。「いい人だ……」と、ちょっと思った。気遣いに感謝しつつ「はい」と答えると、その先輩は、私の肩に手を回し「ニコッ」と笑顔を作ると、小声でつぶやいた。「じゃあ、夕刊に送った現場雑感をもう少し長い原稿にしてくれ。朝刊社会面用だ」。そして、こう続けた。「六時半までに七〇行。よろしくな」。そういうと、忙しそうに去っていった。

「ええ～っ」と驚いたが、壮絶な現場を目撃し、サリンまで吸わされた一部始終を紙面化しない手はないと思った。こんな状況のときに、私の体調を見極めた上で原稿を催促してくれた社会部デスクの心意気がうれしかった。ただ、体調はあまり良くはなく、記事にはその時の不安な心境を素直に盛り込んだ。

「この原稿をたたくワープロの画面も暗くて見にくい。いつまでこの暗闇が続くのか」。

家族の衣類も廃棄

ゲラをチェックし、家に帰り着いたのは午後一〇時過ぎ。この日は、ハイヤーで帰宅させてもらった。妻には昼間、サリンを吸った旨を電話で伝えていた。

「大変だったね。大丈夫？」

玄関で出迎えた妻が私の顔をのぞき込んだ。家族の顔を見て、ホッとすると同時に一気に疲れが出た。

このときの心境について妻は「事件発生は朝のテレビニュースで知った。午後、サリンを吸って受診したと電話で聞き驚いた。『症状は軽い』と言っていたが、夕刊の現場写真を見て、すごく心配になった」と振り返る。私は家に入ると何度も「視界が暗い」と訴えていたという。息苦しさも続いていた。

すぐ、風呂に入った。着ていた服は無造作に洗濯かごに入れた。入浴後、テレビを見ていて、恐ろしい情報を耳にした。衣類に付着したサリンが、何時間も立ってから気化することがあるとのニュース。それを吸った医療関係者が中毒症状を起こした例もあるという。慌てて大きなゴミ袋を引っ張り出し、洗濯かごの衣類を丸めて入れた。かごには妻と子供の服も入っていた。全部、廃棄するしかなかった。

妻は「捨てた子供服は、お祝いでもらったばかりのものだった」と回想する。私は現場で着ていたコートと靴も処分した。阪神淡路大震災の取材でボロボロになり、買い直したばかりのチャッカブーツとマウンテンパーカー。こちらも、新品でお気に入りのメーカー品だった。

消えぬ不安と怒り

一晩寝ると、息苦しさは感じなくなっていた。暗い視界も徐々に回復。数日たつと症状は消え、体は元通りになっていた。

ただ、「心」はそうはいかなかった。

地下鉄サリン事件のニュースを聞くたび、脳裏によみがえる修羅場。サリンの恐怖を伝えるニュースも連日報道され、「後遺症はないのか？」といつも気にしている自分がいた。体の中にいつ爆発するか分からない「時限爆弾」を仕掛けられたような不安が、日に日に大きくなった。気が付くと、行動範囲から何となく地下鉄を遠ざけていた。

地下鉄サリン事件から二日後、警視庁はオウム真理教の教団施設に大規模な家宅捜索を実施。徐々に前代未聞のテロ事件を、誰が引き起こしたのかが明らかになっていった。

健康不安に加えオウム真理教に対する激しい怒りが湧き、例えようのない心境にしばらく陥った。地下鉄サリン事件は、既に遠い過去の出来事になっているが、事件を起こしたオウム真理教関係者らに対する私の怒りは、今も収まっていない。

（二〇二五年二月記）

単行本　二〇〇九年五月　『「地下鉄サリン事件」戦記』光人社刊
文庫本　二〇一五年三月　『「地下鉄サリン事件」自衛隊戦記』光人社NF文庫刊
※産経NF文庫版の制作に当たって記事・写真の追加を行なった。

産経ＮＦ文庫

「地下鉄サリン事件」自衛隊戦記

二〇二五年三月二十日　第一刷発行

著　者　福山　隆
発行者　赤堀正卓
発行所　株式会社　潮書房光人新社
〒100-8077　東京都千代田区大手町一-七-二
電話／〇三-六二八一-九八九一代
印刷・製本　中央精版印刷株式会社

定価はカバーに表示してあります
乱丁・落丁のものはお取りかえ致します。本文は中性紙を使用

ISBN978-4-7698-7074-6　C0195
http://www.kojinsha.co.jp

産経NF文庫の既刊本

就職先は海上自衛隊　女性「士官候補生」誕生

時武里帆

一般大学を卒業、ひょんなことから海上自衛隊幹部候補生学校に入った文系女子。そこで待っていたのは、旧海軍兵学校の伝統を受け継ぐ厳しいしつけ教育、短艇訓練、八マイル遠泳…女性自衛官として初めて遠洋練習航海に参加、艦隊勤務も経験した著者が描く士官のタマゴ時代。

定価924円(税込)　ISBN 978-4-7698-7049-4

就職先は海上自衛隊　元文系女子大生の逆襲篇

時武里帆

幹部候補生学校での一年間の教育中、最初の天王山「八マイル遠泳」を乗り切った時武候補生に第二の、そして最大の天王山「野外戦闘訓練」が立ちはだかる。船乗りに必須の理系科目の追試の嵐を撃破して、「士官」になることができるのか。卒業をかけた最後の戦い。

定価1080円(税込)　ISBN 978-4-7698-7059-3